Innovaciones educativas motivadoras del conocimiento de las matemáticas y las ciencias

— *Colección INNTED* —

INNOVACIONES EDUCATIVAS MOTIVADORAS DEL CONOCIMIENTO DE LAS MATEMÁTICAS Y LAS CIENCIAS

Coordinadores

Ismael Cabero Fayos
Baltasar Ortega Bort

Autores
(por orden de aparición)

Antonio Alberto Rodríguez Sousa
José Manuel de Miguel Garcinuño
Aitor Alfonso Castelló
María Amparo Edo Claramonte
María del Carmen Romero García
Alba Prat Llongarriu

EGREGIUS
ediciones

INNOVACIONES EDUCATIVAS MOTIVADORAS DEL CONOCIMIENTO DE LAS MATEMÁTICAS Y LAS CIENCIAS

Ediciones Egregius
c/ Profesor Tierno Galván, 21, 41910 - Camas, Sevilla
www.egregius.es

Diseño de cubierta e interior: Francisco Anaya Benitez

© Los autores

1ª Edición. 2018

ISBN 978-84-17270-26-1

ÍNDICE

INTRODUCCIÓN

La Didáctica de la Matemática es uno de los terrenos más fértiles dentro del mundo laboral de los matemáticos y representa el futuro de la propia matemática al alentar a un mayor número de alumnos a estudiarla en profundidad.

Es evidente que esta disciplina está más que implantada y considerada, aún así tenemos nuestras dudas si el prestigio de la misma se puede equiparar a otros campos de la Matemáticas sobre todo por los propios matemáticos que tal vez no encuentran en ella un sustento científico suficientemente sólido y profundo como en sus especialidades.

> Antiguamente se consideraba que la enseñanza de las matemáticas era un arte y, como tal, difícilmente susceptible de ser analizada, controlada y sometida a reglas. Se suponía que el aprendizaje dependía sólo del grado en que el profesor dominara dicho arte y, al mismo tiempo, de la voluntad y la capacidad de los alumnos para dejarse moldear por el artista. Esta es, todavía, la idea dominante en la cultura corriente y representa una "concepción" precientífica de la enseñanza que sigue siendo muy influyente en la cultura escolar. (Gascón, 1998, p.2).

Todavía existe la creencia por parte de algunos matemáticos que la formación didáctica de un estudiante de matemáticas menoscaba la formación matemática más pura y tradicional y deducen una falta de rigidez en su base científica y la consecuente perdida de prestigio. No están teniendo en cuenta que la Didáctica de las matemáticas ensancha el ámbito de estudios de los matemáticos y ayuda a la difusión y mantenimiento de la disciplina.

La capacidad de superar antiguas metodologías y proponer enfoques o herramientas novedosas a la hora de presentar nuestras materias demuestra valentía y determinación. Estos nuevos puntos de vista suponen un gran esfuerzo y una apuesta de futuro que se ven recompensados cuando los alumnos comienzan a crear conocimiento con un aprendizaje significativo.

Dentro de los nuevos instrumentos didácticos queremos hacer especial mención al software libre.

> Aunque prácticamente usar el software libre es muy similar a usar cualquier otro software, el software libre es un legado que le pertenece a toda la humanidad y como movimiento es interesante entender como

un grupo de programadores, voluntarios y activistas ha creado esta plataforma. El software libre es propiedad de todos: cada persona en el mundo tiene derecho a usar el software, modificarlo y copiarlo de la misma manera que los autores de este mismo. Es un legado de la humanidad que no tiene propietario, de la misma manera que las leyes básicas de la física o las matemáticas. No existe un monopolio y no es necesario pagar peaje por su uso. (Mas, 2005, p.5)

Por lo tanto, entendemos que tiene una vertiente romántica al priorizar los beneficios sociales a los intereses económicos o políticos, promocionan el trabajo cooperativo y son transparentes, hecho que permite adaptarlos a nuestras necesidades

Consideramos relevantes todos los trabajos y todo aquel esfuerzo en ayudar a desarrollar y concretar conocimientos aplicados y comprometidos con la práctica educativa que ayuden a transmitir y divulgar nuestro apreciado lenguaje universal y como ejemplo de este buen hacer tenemos la siguiente muestra de trabajos y estudios.

El primer capítulo, de la mano de Antonio Alberto Rodríguez Sousa y José Manuel de Miguel Garcinuño de la Facultad de Biología de la Universidad Complutense de Madrid nos muestran un interesante estudio de un recurso natural utilizando dinámica de sistemas como una herramienta de construcción de modelos de simulación.

"La dinámica de sistemas alude a un método para el estudio del comportamiento de sistemas mediante la construcción de un modelo de simulación informática que ponga de manifiesto las relaciones entre la estructura del sistema y su comportamiento" (Aracil y Gordillo, 1997, p.11).

Esta comprensión matemática del modelo junto con la utilización del software permiten una mejor asimilación de conceptos que se trabajan en Ecología por parte del alumnado.

A continuación, con la mirada puesta en la implementación de software libre con la intención de generar en los alumnos una mayor motivación y asimilación de las potenciabilidades de las nuevas tecnologías, Aitor Alfonso Castelló nos presenta el sofware App Inventor utilizando una muestra de ejemplos con el fin de utilizar el móvil como un recurso didáctico ilimitado pudiendo crear aplicaciones con finalidades educativas.

La mejora en el aprendizaje con la utilización de este recurso queda patente en su puesta en práctica con alumnado de Secundaria en los que se programó una calculadora para trabajar operaciones con fracciones.

Por otra parte, desde la Universidad Nacional de Educación a Distancia, María Amparo Edo Claramonte nos expone como enfocar el trabajo cuando se trabaja con alumnos con TEA (Trastornos del Espectro Autista). El capítulo está dirigido a aquellos docentes que sin ser especialistas necesitan trabajar con este tipo de alumnado.

"La investigación educativa va acumulando evidencias acerca de los beneficios que la incorporación de las tecnologías de la información y comunicación (TIC) tiene, tanto para la enseñanza como para el aprendizaje del alumno con TEA". (Martínez, Pagán, García y Máiquez, 2016, p.194)

La experiencia se basa en la utilización de estrategias con el fin de enseñar matemáticas en la etapa de infantil superando las dificultades propias utilizando materiales y herramientas adecuadas.

Siguiendo con la utilización de Software Libre en la resolución de problemas científicos Aitor Alfonso Castelló de la Universidad Jaume I nos presenta una nueva aplicación, el Step (perteneciente a la Comunidad KDE), un simulador de física interactivo capaz de generar mundos virtuales en los que se pueden variar los parámetros físicos. La capacidad tan accesible de unificar la parte teórica y su correspondiente representación práctica permite una mayor comprensión de los contenidos así como un pantalla mucho más atractiva hacia el alumnado, con una reducción de los costes así como de posibles riesgos

> Ahora bien, las posibilidades de transferencia del aprendizaje establecen la calidad de dicho aprendizaje. Es decir, un aprendizaje que se adquiere de forma contextualizada (contexto de uso y aplicación del conocimiento), aumenta las posibilidades para que dicho conocimiento pueda ser trasferido a otros contextos similares (transferencia o descontextualización del conocimiento). (Amaya Franky, 2009, p.84)

Por lo tanto la posibilidad de ejemplificar un modelo físico ayudará al aprendizaje siempre y cuando este represente lo más fiel posible a la realidad y el alumnado sea capaz de relacionarlo con la misma.

Concretamente este trabajo nos muestra el estudio de movimientos rectilíneos uniformes y uniformemente acelerados para tercer curso de Secundaria.

Por último, María del Carmen Romero García y Alba Prat Llongarriu de la Universidad Internacional de La Rioja y de la Escuela FEDAC de Salt. El capítulo se articula en torno a la explicación del modelo Flipped Classroom.

> Flipped Classroom, o Flipped Learning (FC, aprendizaje inverso, aprendizaje volteado, aprendizaje "al revés"), que es un enfoque pedagógico que transfiere fuera del aula el trabajo de determinados procesos de aprendizaje y utiliza el tiempo de clase, apoyándose en la experiencia del docente, para facilitar y potenciar otros procesos de adquisición y práctica de conocimientos dentro del aula (Bergmann y Sams, 2012, citado en Tourón y Santiago 2015, p.209).

Con la consiguientes ventajas que esto supone al poder trabajar los contenidos de forma cooperativa y poder centrarse en el alumnado con mayores dificultades. Concretamente esta propuesta se ha focalizado en la enseñanza-aprendizaje del Álgebra en 2º curso de Educación Secundaria Obligatoria (ESO) con unos resultados alentadores.

Deseamos que estos capítulos puedan servir de provecho por todos aquellos docentes involucrados en la transmisión de las matemáticas y las ciencias de manera que adecuen y permitan una mejor adaptación del alumnado a la sociedad, conformando su propia identidad desde una concepción ética y moral de la realidad.

Ismael Cabero Fayos

Universidad de Valencia

Baltasar Ortega Bort

Universidad Nacional de Educación a distancia

Referencias bibliográficas

Amaya Franky, G. (2009). Laboratorios reales versus laboratorios virtuales, en la enseñanza de la física. *El hombre y la Máquina*, (33).

Aracil, J., y Gordillo, F. (1997). *Dinámica de sistemas* (p. 20). Madrid: Alianza editorial.

Gascón, J. (1998). Evolución de la didáctica de las matemáticas como disciplina científica. *Recherches en didactique des mathématiques*, *18*, 7-34.

Martínez, J. L., Pagán, F. J. B., García, S. A., y Máiquez, M. C. C. (2016). Las tecnologías de la información y comunicación (TIC) en el proceso de enseñanza y aprendizaje del alumnado con trastorno del espectro autista (TEA). *Revista Fuentes*, (14), 193-208.

Mas, J. (2005). Software libre: técnicamente viable, económicamente sostenible y socialmente justo. Zero Factory S.L. Barcelona.

Tourón, J., y Santiago, R. (2015). El modelo Flipped Learning y el desarrollo del talento en la escuela Flilpped Learning model and the development of talent at school. *Revista de Educación*, *368*, 196-231.

CAPÍTULO I

PROCESOS PARTICIPATIVOS COMO HERRAMIENTAS PARA LA COMPRENSIÓN DEL ANÁLISIS DE SISTEMAS ECOLÓGICOS EN EL ÁMBITO UNIVERSITARIO: EL CASO DEL MODELO LOGÍSTICO

D. Antonio Alberto Rodríguez Sousa

Departamento de Ecología, Facultad de Biología, Universidad Complutense de Madrid, C/ José Antonio Novais 2, 28040 Madrid, España

Dr. José Manuel de Miguel Garcinuño

Departamento de Ecología, Facultad de Biología, Universidad Complutense de Madrid, C/ José Antonio Novais, 2, 28040 Madrid, España

Resumen

Introducción: En Ecología, el estudio de los recursos naturales se fundamenta a menudo sobre modelos matemáticos. Sin embargo, en el ámbito docente se observa una dificultad del alumnado en la comprensión matemática del modelo y en su extrapolación hacia un problema ecológico real.

Metodología-Desarrollo: Se analizó la problemática de una explotación de un recurso común (población pesquera), con crecimiento logístico abordando dos métodos docentes. Clases teóricas describiendo las consecuencias de la gestión mediante explicación matemática de los parámetros de Máximo Rendimiento Biológico Sostenible y Máximo Rendimiento Económico Sostenible y sesiones participativas mediante un software de simulación pesquera consistente en la evolución de una población de peces sometida a la pesca por parte de distintas compañías (grupos de alumnos).

Resultados: El ensayo realizado mostró una mayor predisposición del alumnado hacia las prácticas participativas, presentando claras preferencias por la interactuación alumno-docente y destacando una mejor comprensión de la problemática ambiental estudiada, en detrimento de las clases magistrales, donde el conocimiento sobre el tema abordado se limitaba a un marco teórico.

Conclusiones: El software simula las consecutivas biológicas y económicas de las decisiones de todos los grupos, permitiendo visualizar la evolución de la densidad del recurso, hasta alcanzar una explotación continuada o agotar el caladero. Tras el análisis de ambos métodos de aprendizaje, se ha comprobado que el proceso participativo facilita la mejor comprensión por parte del alumnado de la problemática abordada, logrando una mejor comprensión de la dinámica de los recursos naturales.

Palabras claves: Modelo logístico; Pesca; Procesos participativos; Recursos naturales; Simulación.

Introducción

La ecología es una rama de la biología con rasgos de ciencia propia, basada en el estudio de las interrelaciones de los seres vivos entre sí y con el medio circundante en el que habitan (Friederich, 1958). Sin embargo, al ser una ciencia relativamente moderna (Odum, 1997), junto al hecho de trabajar con seres vivos y sus particularidades, hace que su cuerpo teórico no haya alcanzado todavía un elevado desarrollo, siendo necesario, para el estudio de dinámicas poblacionales, emplear modelos y formulaciones matemáticas (Momo *et al.*, 2006). Dentro del ámbito ecológico, el estudio de los recursos naturales, que aborda la caracterización de la problemática ambiental general y de diferentes tipos de bienes (Berkes, 1989), es un caso particular donde deben compaginarse un enfoque descriptivo de los ecosistemas junto a otra perspectiva más dinámica y funcional, con la finalidad de realizar un estudio exhaustivo de las poblaciones y los recursos que generan (Piñol & Vilalta, 2006). Además, la gestión sensata de estos recursos naturales debe compaginar, frecuentemente, un profundo conocimiento del recurso biológico con la necesidad de llegar a acuerdos sociales en el caso de tratarse de un recurso común (Valencia & Rezonzew, 2008). Estas características hacen que para el correcto abordaje del estudio de un recurso sea necesario considerar el ámbito ambiental por los impactos derivados de su extracción, junto al ámbito económico y a la sociedad por su relevancia en los sistemas socio-ecológicos (Miranda, 2005), lo que evidencia la necesidad de emplear un enfoque transdisciplinar ante estas situaciones (Vila Subirós *et al.*, 2006).

Sin embargo, en el ámbito docente universitario existe una notoria dificultad por parte del alumnado tanto en la comprensión teórica de una problemática ambiental definida como en su predisposición a recibir clases de contenido en modelización matemática (Barquero *et al.*, 2007). Es ante esta problemática donde toman relevancia los procesos participativos en los que la implicación de los sujetos constituye un elemento estratégico (De Schutter, 1983), como alternativa docente para incentivar el interés de los alumnos y facilitar la comprensión real de la problemática planteada mediante la generación de nexos con la realidad y el desarrollo de conceptos matemáticos básicos (Gómez-Chacón & Maestre, 2008). Estos procesos, en los que resulta fundamental la actividad del docente para el análisis de la cuestión planteada, constituyen una propuesta metodológica que involucran al alumnado en la producción de conocimientos y en el análisis e interpretación de los resultados (Figueroa Rubalcava *et al.*, 2008), a diferencia de lo que ocurre con el empleo de otros métodos, donde puede ocurrir que el docente no dé lugar a la confrontación de la interpretación de los resultados con la opinión de los estudiantes (De Schutter, 1983). Además, los procesos participativos fomentan el desarrollo de una relación dinámica formador-alumno a la par que se promueve un aumento de la motivación de los estudiantes para participar en la solución del problema planteado (Carrasco & Baignol, 1998), siendo esencial el proceso de diálogo e intercambio de opiniones establecido entre el docente y el alumnado para relacionar los conocimientos teóricos básicos con las experiencias prácticas realizadas, dando lugar así a un enriquecimiento de los paradigmas existentes (Borda, 1999).

Objetivos

Con la finalidad de comprobar la eficacia en el aprendizaje acorde a la metodología docente empleada y al género de los encuestados, se planteó un caso de estudio a nivel universitario, analizando las preferencias y el grado de aprendizaje del alumnado mediante la realización de encuestas individuales, postulando dos hipótesis como objetivos específicos:

•Hipótesis 1: Existen diferencias significativas en cuanto al nivel de aprendizaje por parte del alumnado (número de aciertos, fallos y abstenciones) entre los dos niveles de la tipología de encuestas realizadas (S.P.: sesiones participativas; C.T.: clases teóricas).

•Hipótesis 2: Existen diferencias significativas en cuanto al nivel de aprendizaje dentro de cada tipología de encuesta realizada según el género de los encuestados.

Método

Caso de estudio

Se planteó un caso de estudio a través de la impartición de clases prácticas universitarias consistentes en abordar la problemática en cuanto a la gestión de un recurso común (población de peces), asumiendo un crecimiento logístico ideal del mismo y considerando sus implicaciones ambientales, económicas y sociales (Semitiel García & Noguera Méndez, 2004). Dicha actividad se abordó desde dos metodologías docentes diferentes, empleando, en primer lugar, un proceso participativo mediante el uso de un software de simulación pesquera, para posteriormente impartir clases teóricas de contenido matemático sobre el modelo logístico, intentando, desde ambas medidas, concienciar al alumnado sobre las pautas a considerar para una gestión sostenible del recurso natural.

Metodología docente basada en procesos participativos

Se abordó la problemática estudiada mediante el empleo del software Fish Banks Ltd. © (Meadows *et al.*, 1995), programa informático basado en un juego de simulación para el aprendizaje del manejo sostenible de recursos naturales. La práctica consistió en la simulación de una gestión pesquera con varias compañías (grupos de alumnos) y su toma de decisiones en cuanto a los problemas ambientales, económicos y sociales que se presentan en la gestión de un recurso natural, desarrollando los docentes el papel de astillero. Cada compañía pesquera (flota inicial de cinco barcos), debe tomar una serie de decisiones anuales, escogiendo si saca sus barcos a faenar a la costa (zona más productiva pero con menos peces y menor superficie), a alta mar (mayor eficiencia de captura), (**Tabla 1**), o si los dejan amarrados en puerto.

Datos sobre el caladero		
	Costa	**Alta Mar**
Máxima Población	1000-2000	2000-4000
Productividad	15	25

Tabla 1.- Máxima población (número de peces) y productividad (número de peces/barco/año) para las dos áreas de pesca disponibles.

Estas decisiones conllevan unos ingresos y gastos derivados de la venta del pescado y por los costes de puerto y operativos. Además, las compañías podrán decidir aumentar su flota (comprando barcos nuevos al astillero, por subasta pública, o mediante negociaciones entre las compañías pesqueras), o mantenerla constante. Finalmente, en cuanto al balance económico anual el programa aplica unos intereses en función de si el saldo bancario es positivo o negativo (**Tablas 2 y 3**).

Ingresos Anuales	
Venta de pescado	20 $/pieza
Ganancia por intereses	10% del saldo bancario si es positivo
Venta de barcos	Mercado libre entre compañías pesqueras
	Al final del juego: 200 $/barco

Tabla 2.- Ingresos anuales, en dólares ($), de la explotación pesquera provenientes de la venta del pescado, intereses bancarios y la posible venta de barcos.

Gastos Anuales			
Costes de puerto y operativos	Puerto	50 $ barco/año	
	Costa	150 $ barco/año	
	Alta Mar	250 $ barco/año	
Construcción de barcos	300 $ barco (cobrado en el año de encargo pero disponible al año siguiente)		
Compra de barcos	Subasta	Alza	Precio variable
		Baja	Precio variable
		Pliego Cerrado	Precio variable
	Mercado libre	Precio variable	
Gastos por intereses	15% del saldo bancario si es negativo		

Tabla 3.- Gastos anuales, en dólares ($), de la explotación pesquera derivados de los costes de puerto y operativos, construcción de barcos nuevos, compras de barcos e intereses bancarios.

En definitiva, la práctica consiste en observar las consecuencias económicas y ambientales derivadas de las decisiones tomadas a lo largo del tiempo simulado en cuanto a la explotación del banco pesquero, tomando como criterio de éxito la compañía con mayores activos (saldo bancario más el valor final de los barcos) al final del tiempo de simulación (10 años), junto a una breve explicación final del modelo logístico en el que se basa el crecimiento poblacional del recurso estudiado (**Fig. 1**).

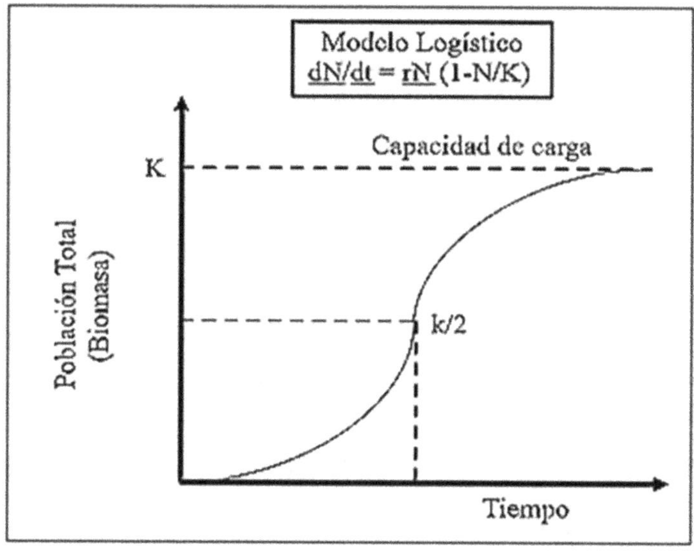

Figura 1.- Modelo del crecimiento logístico.

Este modelo matemático (Verhulst, 1938), que cuenta en su ecuación con una tasa de crecimiento (rN) y un factor de ralentización (1-N/K), explica el comportamiento de una población teniendo en cuenta el agotamiento de recursos a medida que el tamaño de la población aumenta hasta alcanzar la capacidad de carga del sistema (K), donde la población se estabiliza, siendo K/2 el punto de mayor pendiente, donde mayor es el crecimiento poblacional y donde la intensidad de la explotación pesquera puede ser mayor al presentar la población una alta tasa de renovación (Máximo Rendimiento Biológico Sostenible), (Conway, 1983). De este modo conocer el recurso biológico (cómo responde la población a diferentes intensidades de pesca), y llegar a acuerdos sociales entre las compañías pesqueras (moratorias), es vital para lograr una gestión sostenible del recurso (Dourojeanni, 2000), siendo fundamental respetar dichos acuerdos evitando incurrir en el dilema de La Tragedia de los Comunes, en el que un conjunto de individuos libres y racionales, motivados por el interés personal, terminan por destruir un recurso compartido y limitado aunque esto no convenga a ningún individuo (Hardin, 1968; Hardin, 2009).

<u>Metodología docente basada en clases teóricas</u>

A partir de la ecuación del modelo logístico (dN/dt = rN (1-N/K)) y su representación gráfica (**Fig. 1**) se realizó una explicación exhaustiva del comportamiento de un recurso natural acorde a este modelo, incorporando el parámetro de tasa instantánea máxima de crecimiento (r´), resultado de restar la tasa de mortalidad del recurso a su tasa de natalidad, siendo variable en cada instante, al contrario de lo que sucede con la tasa instantánea de crecimiento (r), que es constante (Batista, 2013; Ulloa Ibarra & Rodríguez Carrillo, 2010). Así, en la parte inicial del modelo, sin limitación de recursos y con tamaño poblacional (N) próximo a 0, la tasa instantánea máxima de crecimiento poblacional se iguala a su tasa instantánea (r´ = r), lo que sumando a que hay muy pocos individuos (N/K = 0) implica que el incremento poblacional (dN/dt) sea muy bajo. Por el contrario, cuando el tamaño poblacional se acerca a la capacidad de carga del sistema (N→K) existe limitación de recursos, siendo la tasa instantánea de crecimiento mínima (r´ < r), lo que sumado al hecho de que existen muchos individuos (N/K = 1) hace que el incremento poblacional (dN/dt) sea, de nuevo, muy bajo (Conway, 1983).

Teniendo en cuenta que una gestión sensata debe ajustar la explotación de recursos a las potencialidades del medio (Simmons *et al.*, 1982), los valores de la derivada dN/dt se pueden representar frente al tamaño poblacional, obteniendo información sobre el Máximo Rendimiento Biológico Sostenible (MRBS), (Payá *et al.*, 2014), cuyo valor se obtiene en K/2 (**Fig.2**):

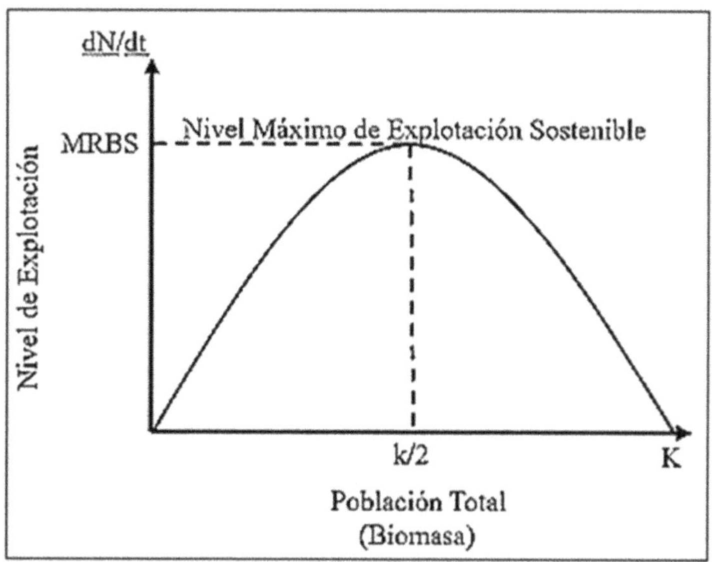

Figura 2.- Derivada de dN/dt, representando la población total respecto al nivel de explotación, mostrando el punto MRBS, punto máximo de explotación sostenible.

Por tanto, si sustituimos en el modelo logístico el parámetro N por K/2 obtenemos la expresión matemática del MRBS:

$$dN/dt = rN\,(1\text{-}N/K) = r(k/2)\,(1\text{-}(k/2)/K)) = r\,K/2\,(1\text{-}1/2) = rK/4$$

$$MRBS = rK/4$$

Conociendo este parámetro no se debe extraer, anualmente, una cantidad de biomasa mayor a rK/4, suponiendo K constante, para lograr que la población pesquera persista en el tiempo de forma sostenible. Además, acorde a este modelo pueden obtenerse incrementos poblacionales iguales con tamaños poblacionales diferentes (Galarza & Malarín, 1994), si bien las consecuencias de la gestión serán distintas en función de N, al existir, para la población biológica, un área de equilibrio inestable (menor producción por competencia), y un área de equilibrio estable (menor producción por decrecimiento poblacional), (**Fig. 3**). Así, mantener la población a un tamaño menor a K/2 es arriesgado por un considerable riesgo de extinción, mientras que mantenerla a un tamaño superior permite cierta autorregulación frente a posibles cambios (del Monte-Luna, 2007).

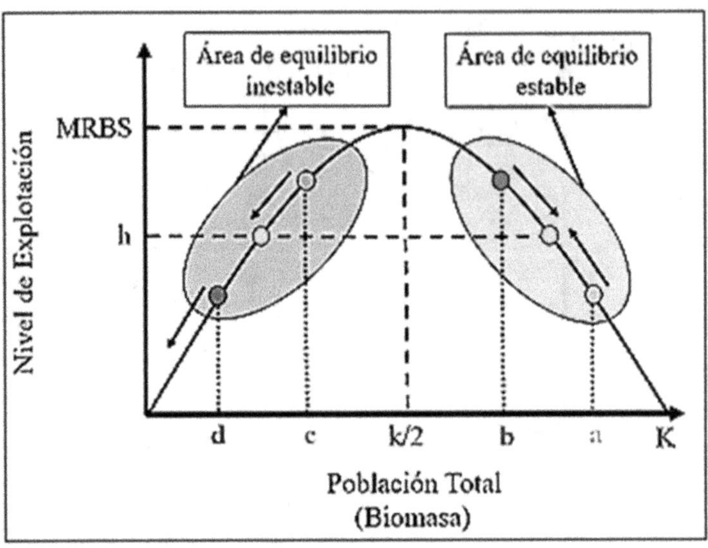

Figura 3.- Derivada de dN/dt representando el MRBS junto a una tasa de captura puntual (h) para distintos tamaños poblacionales (a, b, c, d), mostrando el comportamiento poblacional (flechas) frente al nivel de explotación en las áreas de equilibrio estable e inestable.

Finalmente, incorporando la dimensión económica a la gestión de un recurso común (población de peces), observamos que mientras que la derivada de dN/dt presenta un comportamiento unimodal, los gastos de la explotación presentan una tendencia lineal inversamente proporcional al esfuerzo de captura (Budría, 1996). La superposición gráfica de ambos comportamientos permite visualizar dos puntos clave en la gestión de un recurso natural: el MRBS, punto máximo sostenible de extracción de biomasa, y el punto de Máximo Rendimiento Económico Sostenible (MRES), donde, respetando la sostenibilidad de la gestión pesquera al ser un punto superior a la mitad de la capacidad de carga (K/2), la rentabilidad económica de la explotación se maximiza (Montreuil *et al.*, 1997), (**Fig. 4**).

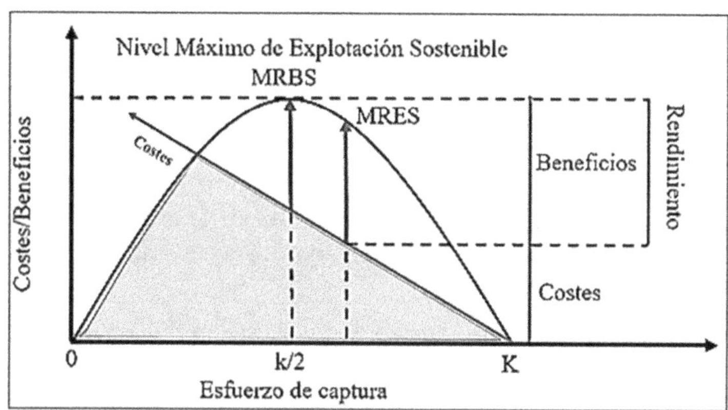

Figura 4.- Comportamiento unimodal del esfuerzo de captura junto al comportamiento lineal de los costes de la extracción pesquera, permitiendo observar los puntos MRBS y MRES.

En definitiva, esta práctica muestra al alumnado la existencia de herramientas (modelos, fórmulas, indicadores, etc.) y su importancia en cuanto al conocimiento de un recurso biológico para establecer las bases de una gestión sensata del mismo (McNeely, 1988).

Diseño del estudio y análisis de datos

Se empleó un método de investigación académico-social mediante la realización independiente de cuestionarios individuales a personas relacionadas con el conocimiento científico y prácticas de gestión sobre los recursos naturales de tipo común. El tamaño muestral fue de n = 80 individuos repartido en dos niveles equitativos según la metodología docente en base a la cual se realizaron las encuestas, pudiendo enfocarse desde el proceso participativo o la clase teórica, sesgando los cuestionarios acorde al género de los encuestados, siendo el nivel académico común para todos (**Fig. 5**).

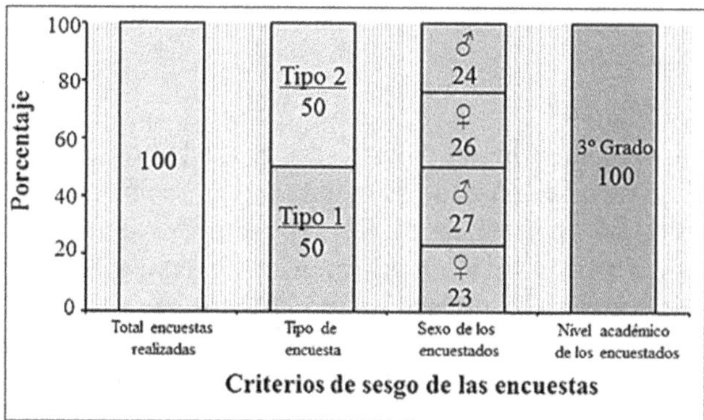

Figura 5.- Clasificación de las encuestas representando, en porcentaje, la totalidad de encuestas realizadas, su división en cuanto a tipología (1: respondidas en base a sesiones

Las encuestas diseñadas se dividieron en un bloque de preferencias mostradas por el alumnado sobre la metodología didáctica de mayor utilidad en el aprendizaje y un bloque para cuantificar el conocimiento adquirido mediante las dos metodologías descritas (ver **Anexo 1**), empleando un cuestionario estructurado con preguntas en abanico y cerradas de carácter dicotómico.

Para analizar el contenido de los cuestionarios se empleó un análisis cualitativo básico de datos empleando métricas sencillas, obteniendo unos resultados de carácter descriptivo para, posteriormente, realizar un análisis estadístico empleando el software IBM ® SPSS ® Statistics 21.0 (IBM Corp, 2012), realizando un análisis exploratorio de los datos y testando las dos hipótesis de partida empleando un nivel de significación de α = 0,05, con la finalidad de discernir si existieron diferencias significativas en cuanto al nivel de conocimiento evaluado (variable dependiente) para los dos tipos de cuestionarios realizados (niveles), determinando además si el género de los encuestados conformaba una variable de influencia significativa sobre el nivel de aprendizaje adquirido dentro de cada nivel (tipo de encuesta).

Dado el carácter y la distribución de nuestros datos (procedentes de dos subpoblaciones y siendo datos no pareados), se empleó un test de la U de Mann-Whitney, test no paramétrico que contrasta como hipótesis nula la igualdad de la suma de rangos de las dos variables analizadas (igualdad de medianas), pudiendo así permitir su ausencia de normalidad y homocedasticidad:

$$H0: \mu1 = \mu2; \quad H1: \mu1 \neq \mu2$$

Resultados

<u>Resultados descriptivos</u>

Se analizaron, en primer lugar, las preferencias del alumnado sobre el método docente empleado, teniendo en cuenta su valoración en cuanto al nivel de desarrollo de las clases y su opinión en cuanto a la utilidad de ambas metodologías didácticas tanto en la comprensión conceptual como real de la problemática abordada, determinando además su criterio en cuanto al provecho de las tipologías didácticas ante una situación real de gestión biológica en la que tuvieran que actuar como expertos asesorando en el proceso de toma de decisiones.

También se observaron los valores medios en cuanto al número de aciertos, fallos y abstenciones sesgados por tipo de encuesta realizada y género de los individuos.

De este modo, las preferencias mostradas por los alumnos fueron mayoritariamente para con las sesiones participativas, en detrimento de las clases de tipo teórico (**Fig. 6**):

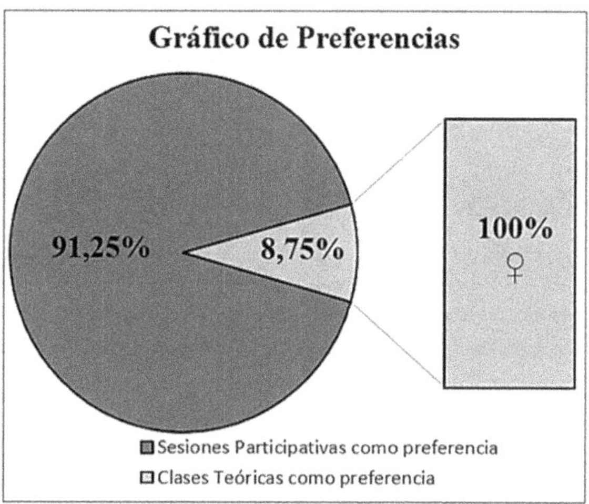

Figura 6.- Preferencias, en porcentaje, en cuanto a la metodología didáctica empleada, mostrando además que el 100% de los encuestados que mostraron su preferencia por las clases teóricas fueron mujeres.

Por otra parte la mayoría del alumnado opinó que tanto las sesiones participativas como las clases teóricas presentaron un buen nivel de desarrollo por parte del profesorado, ahondando bien en la temática planteada (**Fig. 7**).

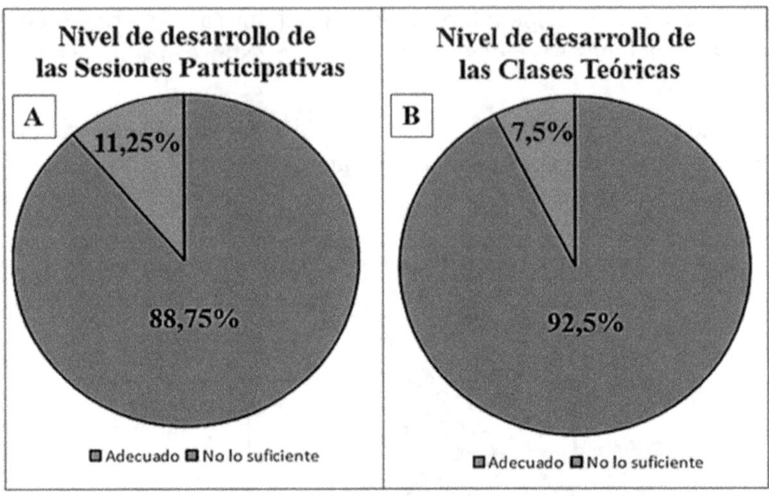

Figura 7.- Opinión de los encuestados sobre el grado de desarrollo de las sesiones participativas (A) y de las clases teóricas (B) empleadas para abordar la problemática planteada.

En cuanto a la contribución percibida por los encuestados en cuanto a qué metodología didáctica contribuyó más tanto a la comprensión conceptual (**Fig. 8**), como real de la problemática abordada (**Fig. 9**), los resultados obtenidos fueron similares, siendo las sesiones participativas la elección mayoritaria, llamando la atención un pequeño porcentaje de alumnos, todos varones, que marcaron ambas opciones como complementarias para poder comprender, en términos generales, la situación de estudio.

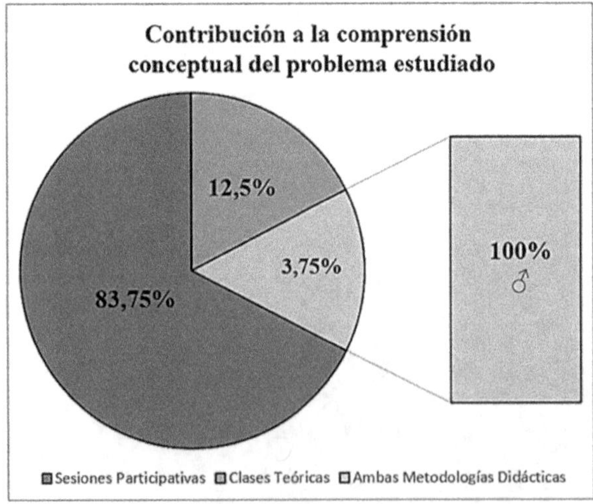

Figura 8.- Porcentajes de elección por parte del alumnado sobre la tipología de enseñanza con mayor contribución en la comprensión conceptual del problema estudiado.

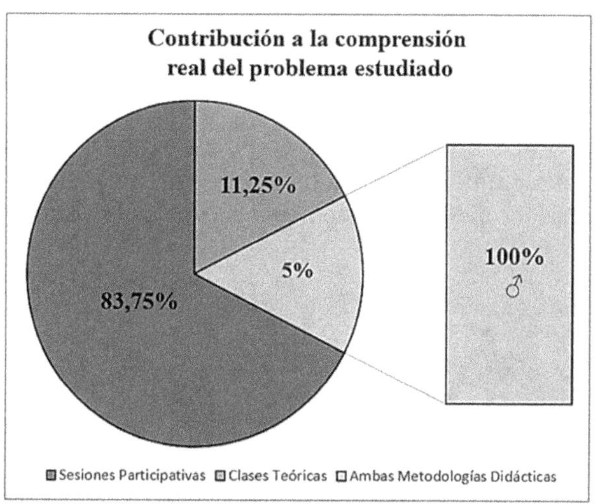

Figura 9.- Porcentajes de elección por parte del alumnado sobre la tipología de enseñanza con mayor contribución en la comprensión real del problema estudiado.

Se evaluó además la percepción de los alumnos sobre qué tipo de clase les resultaría, en su opinión, de mayor utilidad a la hora de enfrentarse a un problema de gestión de un recurso natural sobre el que tuvieran que desempeñar un papel de experto participando en la toma de decisiones sobre la explotación de dicho recurso (**Fig. 10**), siendo de nuevo las sesiones participativas la principal elección, destacando un porcentaje de alumnos que escogió simultáneamente ambos métodos didácticos como opción de aprendizaje (15% del total), de los cuales el 25% fueron mujeres, siendo el 75% restante varones.

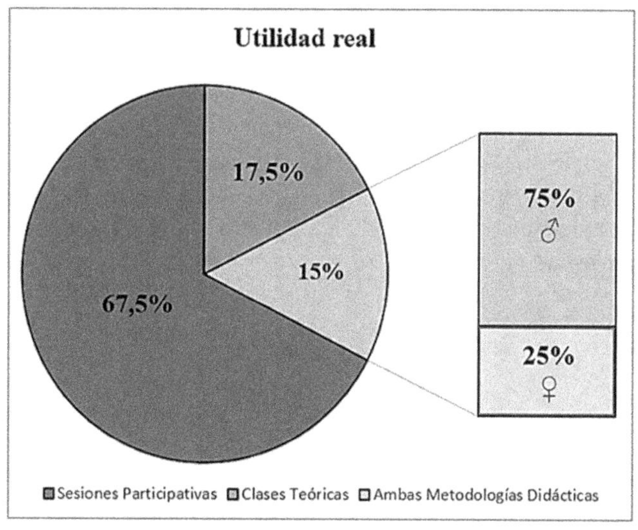

Finalmente se calcularon las medias absolutas de aciertos, fallos y abstenciones respecto al número total de preguntas de conocimiento realizadas, sesgando los valores obtenidos solamente acorde a la tipología de encuesta realizada (**Fig. 11**).

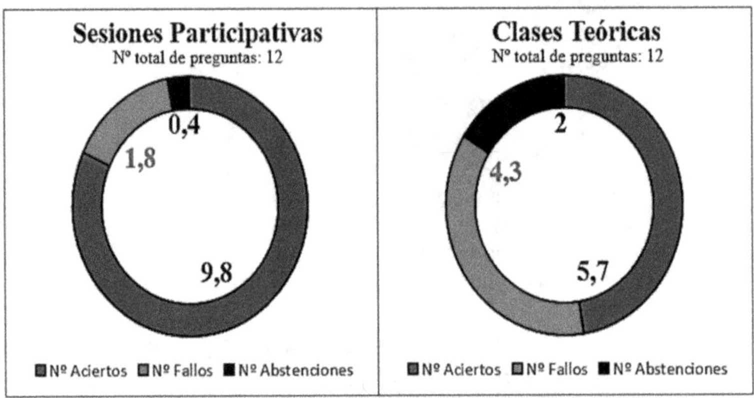

Figura 11.-Valores absolutos sobre el número de preguntas acertadas, falladas, y abstenciones respecto al total.

De forma general parecen observarse diferencias sustanciales entre el número de aciertos, fallos y abstenciones que se han obtenido a partir de encuestas respondidas en base a las sesiones participativas y a las pertenecientes a las clases teóricas, presentando éstas últimas un menor número de aciertos y mayores fallos y nivel de abstención.

Finalmente, incorporando el sexo del alumnado como criterio discriminante además de la tipología de encuesta realizada, se adjuntan los gráficos correspondientes al número medio de aciertos, fallos y abstenciones por parte de los encuestados (**Fig. 12**), observándose una dinámica muy parecida a la de la **Figura 11**, con notorias diferencias entre las respuestas en cuanto al tipo de cuestionario realizado, pero sin observarse mayores diferencias entre ambos géneros.

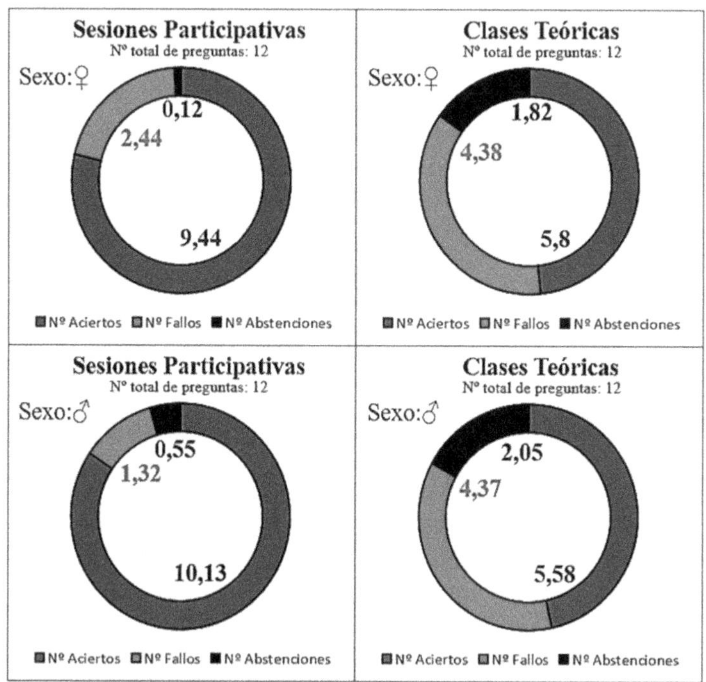

Figura 12.- Valores absolutos sobre el número de preguntas acertadas, falladas, y abstenciones respecto al total, sesgando los resultados acorte a la tipología docente empleada (Sesiones participativas o Clases teóricas) y al sexo del alumnado (mujeres o varones).

Resultados estadísticos: análisis exploratorio de los datos

Se comprobó la normalidad (test de Saphiro-Wilk: Ho: $X \sim N$ (μ, σ^2); H1: no cierta Ho) y homocedasticidad (test de Levene: Ho: homocedasticidad; H1: heterocedasticidad) de las tres variables dependientes sobre las que se contrastarán las hipótesis posteriormente (número de aciertos, fallos y abstenciones). Estos parámetros se evaluaron, primero, para la totalidad de los datos recopilados sesgándolos en función del tipo de encuesta realizada:

Variable dependiente	Tipo de encuesta	Test de Shapiro-Wilk			Test de Levene		
		E	gl	p-valor	E	gl	p-valor
Aciertos	S.P.	0,899	40	0,002*	5,069	78	0,084
	C.T.	0,973	40	0,446			
Fallos	S.P.	0,899	40	0,002*	8,092	78	0,006*
	C.T.	0,936	40	0,025*			
Absten-ciones	S.P.	0,501	40	0,000***	21,408	78	0,000***
	C.T.	0,891	40	0,001*			

Tabla 4.- Análisis de normalidad y homocedasticidad, con el valor del estadístico (E), grados de libertad (gl) y p-valores (* P < 0,05; ** P < 0,01; *** P < 0,001), para las variables dependientes en ambos tipos de encuesta realizadas (S.P.: sesiones participativas; C.T.: clases teóricas).

Con un nivel de significación α = 0,05, se rechazan las hipótesis nulas, asumiendo no normalidad y heterocedasticidad de las variables, a excepción de la variable "Aciertos", homocedástica y normal en Clases Teóricas.

Los mismos cálculos fueron realizados para cada tipología de encuesta, sesgando los datos acorde al género de los encuestados (**Tablas 5 y 6**):

Variable dependiente	Género	Test de Shapiro-Wilk			Test de Levene		
		E	gl	p-valor	E	gl	p-valor
Aciertos	Mujer	0,872	18	0,019*	0,134	38	0,716
	Varón	0,897	22	0,026*			
Fallos	Mujer	0,896	18	0,050	0,254	38	0,617
	Varón	0,882	22	0,013*			
Abstencio-nes	Mujer	0,253	18	0,000***	17,110	38	0,000***
	Varón	0,622	22	0,000***			

Tabla 5.- Análisis de normalidad y homocedasticidad, con el valor del estadístico (E), grados de libertad (gl) y p-valores (* P < 0,05; ** P < 0,01; *** P < 0,001), para las variables dependientes estudiadas dentro del nivel de las sesiones participativas, atendiendo al género del alumnado.

Variable dependiente	Género	Test de Shapiro-Wilk			Test de Levene		
		E	gl	p-valor	E	gl	p-valor
Aciertos	Mujer	0,967	21	0,667	0,257	38	0,615
	Varón	0,934	19	0,203			
Fallos	Mujer	0,929	21	0,133	0,265	38	0,609
	Varón	0,920	19	0,114			
Abstenciones	Mujer	0,843	21	0,003**	0,611	38	0,439
	Varón	0,929	19	0,167			

Tabla 6.- Análisis de normalidad y homocedasticidad, con el valor del estadístico (E), grados de libertad (gl) y p-valores (* P < 0,05; ** P < 0,01; *** P < 0,001), para las variables dependientes estudiadas dentro del nivel de las Clases Teóricas, atendiendo al género del alumnado.

Atendiendo a los resultados obtenidos podemos ver que, para el nivel correspondiente a las encuestas acorde a las Sesiones Participativas (**Tabla 5**), tanto la variable "Aciertos" como "Fallos" presentan un carácter homocedástico, siendo solamente la variable "Fallos" en el nivel de género "Mujer" normal, aceptando en estos casos la hipótesis nula, asumiendo para el resto de variables y niveles un comportamiento no normal y su heterocedasticidad.

Por otra parte, para las variables dependientes dentro del nivel de Clases Teóricas (**Tabla 6**), sí podemos aceptar las hipótesis nulas asumiendo la normalidad y homocedasticidad de los datos, exceptuando la variable "Abstenciones" para el nivel de género "Mujer", cuyo p-valor es menor al nivel de significación.

<u>Contrastes de hipótesis</u>

Primero se contrastó la posible existencia de diferencias significativas en cuanto al nivel de aprendizaje entre las dos metodologías docentes empleadas (**Hipótesis 1**), utilizando un test no paramétrico basado en rangos como la U de Mann-Whitney (H0: $\mu_1 = \mu_2$; H1: $\mu_1 \neq \mu_2$), test de comparación de muestras independientes procedentes de dos subpoblaciones distintas:

Variable dependiente	Niveles	N	E	Rango promedio	Suma de rangos	p-valor
Aciertos	S.P.	40	63,500	58,91	2356,50	0,000***
	C.T.	40		22,09	883,50	
	Total	80		---	---	
Fallos	S.P.	40	270,000	27,25	1090,00	0,000***
	C.T.	40		53,75	2150,00	
	Total	80		---	---	
Abstenciones	S.P.	40	336,000	28,90	1156,00	0,000***
	C.T.	40		52,10	2084,00	
	Total	80		---	---	

Tabla 7.- Resultados del test de rangos para el contraste de la hipótesis 1, especificando para cada variable dependiente sus niveles (S.P.: sesiones participativas; C.T.: clases teóricas; Total), su tamaño muestral (N), el estadístico de contraste (E), el rango promedio, la suma de rangos y los p-valores (* P < 0,05; ** P < 0,01; *** P < 0,001).

Acorde a estos resultados debemos rechazar la hipótesis nula de igualdad de medianas para todas las variables dependientes estudiadas, asumiendo por tanto la existencia de diferencias altamente significativas en cuanto al nivel de aprendizaje (número de aciertos, fallos y abstenciones) entre las dos metodologías docentes empleadas, presentando los resultados procedentes de las sesiones participativas, acorde a la **Figura 13**, un mayor número promedio de aciertos junto a una menor cantidad de fallos y abstenciones.

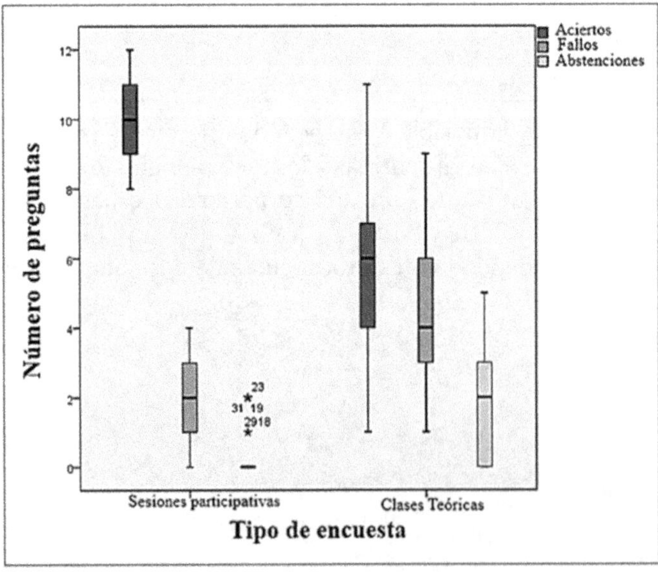

Figura 13.- Gráfico de barras de error representando las medianas de cada variable dependiente para cada nivel estudiado (Tipo de encuesta).

En cuanto a la **Hipótesis 2**, que postulaba la existencia de diferencias significativas en cuanto al nivel de aprendizaje dentro de cada metodología docente según el sexo de los encuestados, se realizó, de nuevo, una U de Mann-Whitney para cada tipología de estudio por separado, analizando en primer lugar las sesiones participativas (**Tabla 8**).

Variable dependiente	Niveles	N	E	Rango promedio	Suma de rangos	p-valor
Aciertos	Mujeres	18	140,500	17,31	311,50	0,119
	Varones	22		23,11	508,50	
	Total	40		---	---	
Fallos	Mujeres	18	105,000	25,67	462,00	0,011*
	Varones	22		16,27	358,00	
	Total	40		---	---	
Abstenciones	Mujeres	18	147,000	17,67	318,00	0,172
	Varones	22		22,82	502,00	
	Total	40		---	---	

Tabla 8.- Resultados del test de rangos para el contraste de la hipótesis 2 en las sesiones participativas, especificando para cada variable sus niveles, tamaño muestral (N), estadístico de contraste (E), rango promedio, suma de rangos y los p-valores (* P < 0,05; ** P < 0,01; *** P < 0,001).

De este modo se aceptaría la hipótesis nula de igualdad de medianas para las variables "Aciertos" y "Abstenciones", existiendo solamente diferencias significativas (rechazo de la hipótesis nula) en cuanto al nivel de aprendizaje entre ambos géneros para la variable "Fallos" dentro de las sesiones participativas.

Por otra parte, para las clases teóricas se aceptaría la hipótesis nula en todos los casos estudiados, no existiendo diferencias significativas sobre el nivel de aprendizaje entre géneros (**Tabla 9**):

Variable dependiente	Niveles	N	E	Rango promedio	Suma de rangos	p-valor
Aciertos	Mujeres	21	198,000	20,57	472,00	0,979
	Varones	19		20,42	388,00	
	Total	40		---	---	
Fallos	Mujeres	21	198,500	20,55	431,50	0,979
	Varones	19		20,45	388,50	
	Total	40		---	---	
Abstenciones	Mujeres	21	176,500	19,40	407,50	0,537
	Varones	19		21,71	412,50	
	Total	40		---	---	

Tabla 9.- Resultados del test de rangos para el contraste de la hipótesis 2 en las clases teóricas, especificando para cada variable sus niveles, tamaño muestral (N), estadístico de

contraste (E), rango promedio, suma de rangos y los p-valores (* P < 0,05; ** P < 0,01; *** P < 0,001).

Finalmente, los resultados gráficos respecto a esta hipótesis muestran efectivamente que sólo existen diferencias significativas entre sexos en cuanto al número de fallos, mayor en mujeres, dentro de las sesiones participativas como método didáctico (**Fig. 14**).

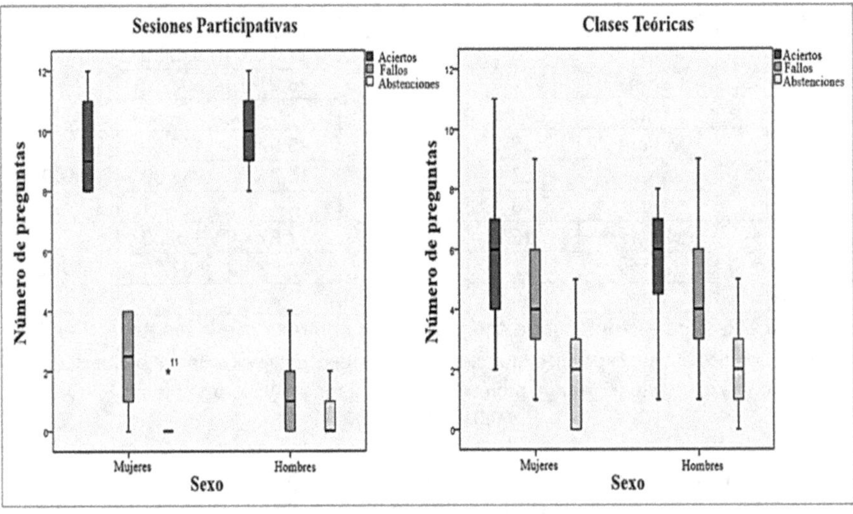

Figura 14.- Gráfico de barras de error representando las medianas de cada variable dependiente para cada nivel estudiado (sexo) dentro de cada metodología docente analizada.

Discusión y conclusiones

La relación entre las matemáticas y las ciencias biológicas nace de la importancia y necesidad recíproca de ambas ramas del saber científico como parte fundamental de la investigación moderna (de la Ossa & de la Ossa-Lacayo, 2010), estando de este modo la enseñanza universitaria de las ciencias orientada al desarrollo de la capacidad a la hora de enfrentar problemas aplicando saberes adquiridos o produciendo los conocimientos necesarios a través de las prácticas investigadoras, con la finalidad de obtener una base sólida y racional en base a la cual comprender el significado de las cuestiones (Di Prisco, 2001). En particular las ciencias matemáticas presentan como objetivo el explicar de forma racional fenómenos naturales o el desarrollo armónico de cuestiones abstractas (Peláez & Mejía, 2009), siendo su enseñanza en las ciencias biológicas de vital importancia en la ayuda sobre la comprensión de leyes y principios biológicos, donde predomina el aprendizaje de tipo reflexivo (López-Aguado, 2011). No obstante, puesto que para el estudio de la mayoría de problemas biológicos se necesitan descubrir nuevas teorías matemáticas o desarrollar las ya existentes la sinergia entre ambas ciencias resulta enriquecedora conformando una relación con alta interdisciplinaridad (Karl, 1997).

Particularmente en ecología existen tres niveles sobre los que se trabaja con modelizaciones matemáticas (Pérez *et al.*, 2006): especie, comunidad, donde adquieren importancia los modelos de crecimiento poblacional (caso de estudio), o a nivel ecosistémico. Sin embargo, a menudo, la enseñanza de modelos matemáticos y su aplicación a problemas biológicos se convierte en prácticas monótonas y repetitivas, derivando en la generación de rechazo por parte del alumnado hacia estos contenidos a causa de no ver su aplicabilidad (Arroyo, 2007). Por ello debe enfatizarse, en el ámbito biológico, la fundamentación teórica desde una perspectiva participativa, integrando al alumno durante el aprendizaje, mostrando que el empleo de las matemáticas es una herramienta para solventar problemas de índole natural (Farbiarz & Álvarez, 2000).

En el presente trabajo se observó un mayor nivel de aprendizaje por parte del alumnado ante la gestión de un recurso común mediante el empleo de clases participativas, siendo procesos por los cuales el conocimiento científico se transforma para su aprendizaje (Chamizo, 2010), respecto a los conocimientos adquiridos mediante sesiones de carácter teórico, debido probablemente a un rechazo hacia las explicaciones matemáticas con carácter unilateral y axiomático (Brousseau, 2000).

Por otra parte, en muchas investigaciones se ha especulado con la posible existencia de diferencias en cuanto al nivel de aprendizaje según el género de los estudiantes (Camarero *et al.*, 2000; Cano, 2000, entre otros), viéndose en múltiples estudios que ambos sexos utilizan diferentes habilidades para solucionar el mismo problema, predominando en las mujeres un mejor rendimiento en tareas verbales mediante el empleo de realización de esquemas y resúmenes, mientras que los varones presentan un rendimiento mayor en tareas numéricas y espaciales con mejor capacidad de abstracción conceptual (Martín del Buey & Camarero Suárez, 2001). No obstante se ha observado a menudo que, en cuanto al aprendizaje en función del género, existen un mayor número de semejanzas que de diferencias (Martínez, 1998), tal y como se corrobora en nuestro estudio, en el que el rendimiento académico no obtuvo diferencias significativas en cuanto a su interacción con el género de los encuestados, no siendo posible de este modo definir un tipo de aprendizaje de mayor eficacia en relación al resultado académico que se asocie con el género.

Por tanto, pese a que los estudios sobre las ventajas del empleo de procesos participativos en la enseñanza se han llevado a cabo predominantemente en la educación primaria y secundaria, cabe destacar la importancia de la implementación de estas metodologías en el ámbito biológico universitario, donde el uso de modelos matemáticos para la comprensión de la dinámica de poblaciones es una base fundamental para entender cómo gestionar un recurso natural, no observándose diferencias en cuanto al rendimiento académico entre géneros pero siendo el nivel de aprendizaje mediante estos procesos significativamente mayor que el obtenido mediante el uso de clases convencionales de contenido teórico, despertando una mayor motivación e interés en el alumnado por la temática abordada y facilitando su comprensión tanto desde un punto de vista conceptual como integrando aspectos de la realidad (repercusiones socio-económicas y productivas de la extracción pesquera).

Referencias bibliográficas

Arroyo, M. (2007). A função social do ensino de ciências. *Em aberto, 7* (40), 3-11.

Barquero, B., Bosch, M., Gascón, J. (2007). La modelización matemática como instrumento de articulación de las matemáticas del primer ciclo universitario de Ciencias. Estudio de la dinámica de poblaciones. *Sociedad, escuela y matemáticas. Aportaciones de la Teoría Antropológica de lo Didáctico*, 573-593.

Batista, W. B. (2013). *Dinámica de las Poblaciones*. Cátedra de Ecología, Facultad de Agronomía. Universidad de Buenos Aires, Buenos Aires, Argentina, 22pp.

Berkes, F. (1989). *Common property resources. Ecology and community-based sustainable development*. Belhaven Press with the International Union for Conservation of Nature and Natural Resources. Brock University (Canadá).

Borda, O. F. (1999). Orígenes universales y retos actuales de la IAP (investigación acción participativa). *Análisis Político-Universidad Nacional de Colombia*, (38), 71-88.

Brousseau, G. (2000). Educación y didáctica de las matemáticas. *Educación matemática, 12* (1), 5-38.

Budría, E. M. (1996). Un estudio econométrico de los costes del sistema portuario español. *RAE: Revista Asturiana de Economía, (5)*, 135-150.

Camarero, F.J., Martín del Buey, F. y Herrero, J. (2000). Estilos y estrategias de aprendizaje en estudiantes universitarios. *Psicothema, 12* (4), 615-622.

Cano, F. (2000). Diferencias de género en estrategias y estilos de aprendizaje. *Psicothema, 12* (3), 360-367.

Carrasco, J. B., & Baignol, J. B. (1998). *Técnicas y recursos para motivar a los alumnos* (Vol. 15).Madrid, España: Ediciones Rialp.

Chamizo, J. A. C. (2010). Una tipología de los modelos para la enseñanza de las ciencias. *Revista Eureka sobre enseñanza y divulgación de las ciencias, 7* (1), 26-41.

Conway, G. (1983). *Applying ecology*. Centre for Environmental Technology, Imperial College, University of London.

De la Ossa, V. L. S., & De la Ossa-Lacayo, A. (2010). Relación entre la enseñanza de las matemáticas y las ciencias biológicas. *Revista Colombiana de Ciencia Animal-RECIA, 2* (1), 163-175.

del Monte-Luna, P. (2007). Examen de la conservación y el aprovechamiento de los recursos vivos. *Interciencia, 32* (1), 61-65.

De Schutter, A. (1983). *Investigación participativa: una opción metodológica para la educación de adultos* (Vol. 3). Centro Regional de Educación de Adultos y Alfabetización Funcional para América Latina, México.

Di Prisco, C. A. (2001). La enseñanza de la ciencia y los cuatro pilares de la educación. *Interciencia, 26* (12), 581-582.

Dourojeanni, A. (2000). *Procedimientos de gestión para el desarrollo sustentable*. Naciones Unidas, Santiago de Chile.

Farbiarz, J., & Alvarez, D. L. (2000). Complejidad, Caos y Sistemas Biológicos. *Medicina, 22* (1), 8-13.

Figueroa Rubalcava, A. E., Medina, G., del Carmen, M., Marfileño, G., Eugenia, V. (2008). La función docente en la universidad. *Revista electrónica de investigación educativa, 10* (SPE.), 1-14.

Friederichs, K. (1958). A definition of ecology and some thoughts about basic concepts. *Ecology, 39* (1), 154-159.

Galarza, E., & Malarín, H. (1994). *Lineamientos para el manejo eficiente de los recursos en el sector pesquero industrial peruano*. Lima, Perú: Centro de Investigación de la Universidad del Pacífico (CIUP).

Gómez-Chacón, I., & Maestre, N. (2008). Matemáticas y Modelización. Ejemplificación para la enseñanza obligatoria. Enseñanza de la Matemática. *Revista de la Asociación Venezolana de Educación Matemática, 17* (1), 107-121.

Hardin, G. (1968). The tragedy of the commons. *Science, 162* (3859), 1243-1248.

Hardin, G. (2009). The Tragedy of the Commons*. *Journal of Natural Resources Policy Research, 1* (3), 243-253.

IBM Corp. Released. (2012). *IBM SPSS Statistics for Windows, Version 21.0.* Armonk, NY: IBM Corp.

Karl, L. (1997). DNA computing: arrival of biological mathematics. *The mathematical intelligencer, 19* (2), 9-22.

López-Aguado, M. (2011). Estilos de aprendizaje. Diferencias por género, curso y titulación. *Journal of Learning Styles, 4* (7), 109-134.

Martín del Buey, F. & Camarero Suárez, F. (2001). Diferencias de género en los procesos de aprendizaje en universitarios. *Psicothema, 13* (4), 598-604.

Martínez, I. (1998). El sexo como variable sujeto: aportaciones desde la psicología diferencial. En J. Fernández (Coord.), *Género y Sociedad.* (43-70). Madrid: Pirámide.

McNeely, J. A. (1988). *Economics and biological diversity: developing and using economic incentives to conserve biological resources.* Switzarland: IUCN Publication Services.

Meadows, D. L., Fiddaman, T., Shannon, D. 1995. *Fish Bank, Ltd. game kit.* Institute for Policy and Social Science Research. Laboratory for Interactive Learning.

Miranda, J. J. M. (2005). Gestión de proyectos: identificación, formulación, evaluación financiera-económica-social-ambiental. Bogotá, Colombia: MMEditores.

Momo, F. R. C., Momo, A. F. F. R., & Capurro, A. F. (2006). *Ecología matemática: principios y aplicaciones. Buenos Aires, Argentina: Ediciones Cooperativas.*

Montreuil, V. H., Tello, S., García, A., Rodriguez, R., Del Águila, R. (1997). Rendimiento Máximo Sostenible de la pesquería comercial de boquichico Prochilodus nigricans. *Manejo de fauna silvestre en la Amazonia. UNAP/University of Florida/UNDP/GEF,* 237-244.

Odum, E. P. (1997). *Ecology: a bridge between science and society.* Massachusetts, USA: Sinauer Associates Incorporated.

Payá, I., Canales, C., Bucarey, D., Canales, M., Contreras, F., Leal, E., Tascheri, R., Yañez, A., Zúñiga, M., Clark, W., Dorn, M., Dunn, M., Fernández, C., Haddon, M., Klaer, N., Sissenwine, M., Zhou, S.

(2014). *Revisión de los puntos biológicos de referencia (Rendimiento Máximo Sostenible) en las pesquerías nacionales*. Reporte Técnico, Instituto de Fomento Pesquero.

Peláez, A., & Mejía, S. (2009). Conceptos básicos de modelación matemática y simulación computacional de sistemas biológicos. *CES Odontología, 13* (1), 51-55.

Pérez, J. E., Pérez, I., Ojeda, G. (2006). La enseñanza de las ciencias biológicas en la universidad. *Saber, 18* (2), 234-240.

Piñol, J., & Vilalta, J. M. (2006). *Ecología con números: una introducción a la ecología con problemas y ejercicios de simulación*. Barcelona: Lynx Edicions.

Semitiel García, M., & Noguera Méndez, P. (2004). Los sistemas productivos regionales desde la perspectiva del análisis de redes. *Redes: revista hispana para el análisis de redes sociales, 6* (3), 1-26.

Simmons, I. G., Comellas, M., Margalef, R. (1982). *Ecología de los recursos naturales*. Barcelona: Omega

Ulloa Ibarra, J. T., & Rodríguez Carrillo, J. A. (2010). El modelo logístico: Una alternativa para el estudio del crecimiento poblacional de organismos. *REDVET. Revista electrónica de Veterinaria, 11* (3).

Valencia, J. A. P., & Rezonzew, I. D. (2008). Cooperación, expectativa y racionamiento en dilemas sociales de recurso de gran escala. *Revista de dinámica de sistemas, 4* (2), 46-82.

Verhulst, P. F. (1838). Notice surlaloique la population poursuitdans son accroissement. *Correspondance Mathematique et Physique, 10*, 113-121.

Vila Subirós, J., Varga Linde, D., Llausàs i Pascual, A., Ribas Palom, A. (2006). Conceptos y métodos fundamentales en ecología del paisaje (landscape ecology). Una interpretación desde la geografía. © *Documents d'Anàlisi Geogràfica, 48*, 151-166.

Anexo 1: Modelos 1 y 2 de los cuestionarios realizados

Preguntas de sesgo:

<u>Sexo</u>: ☐ Hombre ☐ Mujer

<u>Nivel Académico</u>: ☐ 3º de Grado en Biología ☐ 4º de Grado en Biología

Parte 1: <u>Preferencias respecto al abordaje de la problemática planteada:</u>

1. *Muestre su preferencia en cuanto al tipo de metodología de aprendizaje empleada para abordar la problemática de la dinámica de una población que supone un recurso común (población pesquera):*

   ☐ Clases teóricas ☐ Sesiones participativas ☐ Ns/Nc

2. *¿Están, en su opinión, las sesiones participativas empleadas ante esta problemática como método didáctico bien diseñadas para optimizar el aprendizaje por parte del alumnado?:*

   ☐ Sí ☐ No lo suficiente ☐ Ns/Nc

3. *¿Y las clases teóricas?:*

   ☐ Sí ☐ No lo suficiente ☐ Ns/Nc

4. *¿Con qué metodología de enseñanza cree que se facilita la comprensión conceptual de la problemática estudiada?:*

   ☐ Clases teóricas ☐ Sesiones participativas ☐ Otra

5. *¿Con qué metodología de enseñanza cree que se facilita la comprensión real de la problemática estudiada?:*

   ☐ Clases teóricas ☐ Sesiones participativas ☐ Otra

6. *En el caso de que usted actuara como experto ante un problema de gestión respecto a un recurso común, ¿qué metodología le habría sido más útil para abordar la situación planteada?:*

   ☐ Clases teóricas ☐ Sesiones participativas ☐ Otra

Parte 2: Nivel de comprensión, en función de los conocimientos adquiridos **sólo** mediante **clases teóricas (*Modelo 1*)//sesiones participativas (*Modelo 2*)**, de la problemática planteada, **teniendo en cuenta que la población de estudio sigue siempre un modelo de crecimiento logístico ideal**:

	Pregunta	**V**	**F**
1	Cuanto más cercana a cero es la densidad de una población de peces, más rápida será su recuperación.		
2	Mantener la densidad de la población por encima de la mitad de la capacidad de carga (k) minimiza el riesgo de su extinción por la pesca.		
3	En un modelo logístico ideal, una población de peces que alcanza la capacidad de carga (K) mantiene constante su densidad.		
4	Para la explotación sensata de un recurso de acceso común, como es el caso de una población de peces, es necesario llegar a acuerdos entre los diferentes actores que explotan dicho recurso.		
5	La obligación de moratorias de pesca provoca agravios comparativos entre los diferentes actores de la explotación (compañías pesqueras).		
6	El Máximo Rendimiento Biológico Sostenible (MRBS) de una población con crecimiento logístico se alcanza a la mitad de la capacidad de carga.		
7	La capacidad de carga (k) es una propiedad de la población.		
8	Para una población de peces que crece según un modelo logístico, el Máximo Rendimiento Económico Sostenible (MRES) de su pesca suele alcanzarse a densidades algo superiores a $K/2$.		
9	Para una población de peces con crecimiento logístico, siempre se cumple que a mayor esfuerzo de captura mayores son los beneficios económicos.		
10	Una población con crecimiento logístico puede alcanzar los mismos incrementos poblacionales con densidades diferentes.		
11	Los costes económicos de la explotación de una población con crecimiento logístico suelen ser linealmente proporcionales al esfuerzo pesquero (p.e. número de barcos).		
12	En una explotación pesquera, un pequeño cambio de valor en la densidad de la población de peces puede suponer la extinción de la misma o su persistencia.		

CAPÍTULO II

UN RECURSO DIGITAL EN SECUNDARIA. APP INVENTOR

Aitor Alfonso Castelló

Universitat Jaume I Castelló

Resumen

La educación en el siglo XXI afecta a todos los niveles y ramas del conocimiento, por tanto en el mundo dinámico y complejo en que vivimos, es importante generar en los alumnos destrezas en el manejo de tecnologías y la capacidad de aplicar los conocimientos adquiridos a la resolución de problemas de la vida real.

Los dispositivos digitales móviles son parte integrada en nuestra sociedad, esta convivencia diaria con ellos hace que se plantee la necesidad de su integración como recurso didáctico en el aula. La metodología de este proyecto de uso de software es de carácter práctico. En el presente escrito se presenta el software libre App Inventor, se justifica su uso como recurso didáctico y se presenta varios ejemplos de utilización dentro del aula integrado dentro de la asignatura de matemáticas en secundaria. Este proyecto da conocer el uso del software y su aplicación como recurso didáctico utilizando el móvil como recurso educativo para el aprendizaje de conceptos matemáticos.

Palabras claves

Tecnologías de la Información y la Comunicación (TICs), proceso de aprendizaje, aplicaciones informáticas, App Inventor, recurso educativo, matemáticas, software libre.

Introducción.

La importancia de las nuevas Tecnologías de la Información y la Comunicación (TICs) en el ámbito de la educación. El mobile learning.

Dentro del sistema educativo del siglo XXI, uno de los grandes retos a los que debe de enfrentarse el profesorado es la inclusión y uso de las nuevas tecnologías de la Información y Comunicación dentro del proceso de enseñanza-aprendizaje y así poder dotar a los estudiantes de las destrezas y mecanismos necesarios para este proceso. Según, Antonio Bartolomé y Alba

(1997), *"la Tecnología de la Educación encuentra su papel como una especialización dentro del ámbito de la Didáctica y de otras ciencias aplicadas de la Educación, refiriéndose específicamente al diseño, desarrollo y aplicación de recursos en procesos educativos, no únicamente en los procesos instructivos, sino también en aspectos relacionados con la Educación Social y otros campos educativos. Estos recursos se refieren, en general, especialmente a los recursos de carácter informático, audiovisual, tecnológicos, del tratamiento de la información y los que facilitan la comunicación".*

Además *"Las TIC juegan, crecientemente, un papel determinante en los procesos de aprendizaje. La educación podría ayudar a transformar aprendices noveles en aprendices expertos. Dominar la competencia digital es una exigencia de los sistemas educativos contemporáneos."* Tal como afirman Cerrillo, Moreno y Labra (2014).

Es razonable pensar que se deben de adecuar los programas educativos a todos los niveles al uso de los dispositivos móviles para el proceso de enseñanza-aprendizaje, es decir, acercarnos cada vez más al concepto de mobile learning.

El término Mobile Learning es el uso de cierta gama de dispositivos para el aprendizaje y se puede definir como: *Una nueva forma de educación creada a partir de la conjunción entre el e-learning y la utilización de los Smart devices o dispositivos móviles inteligentes (pda`s, Smart phones, Ipads, pocketPCs, teléfonos móviles 3G y consolas), y que se fundamenta en la posibilidad que nos ofrecen estos nuevos dispositivos, de combinar la movilidad geográfica con la virtual. (ISEA S.Coop, 2009, p.3)* esta definición coincide con la de Mora (2013) *"la manera en que podemos brindar al estudiantado posibilidades de aprendizaje por medio de dispositivos móviles, tales como teléfonos inteligentes o tabletas"* (p. 54).

"Así pues, tras años de investigación, y en contraste con el paradigma tradicional de enseñanza-aprendizaje, ha surgido un nuevo paradigma que defiende un aprendizaje de modo natural, así como la existencia de diferentes percepciones y estilos que han de ser considerados a la hora de diseñar un programa." (Moreno 2017).

Debemos de tener en cuenta el uso generalizado del móvil entre los alumnos, si observemos la siguientes gráfica y tabla sobre el Equipamiento y Uso de Tecnologías de Información y Comunicación en los Hogares (INE 2016)

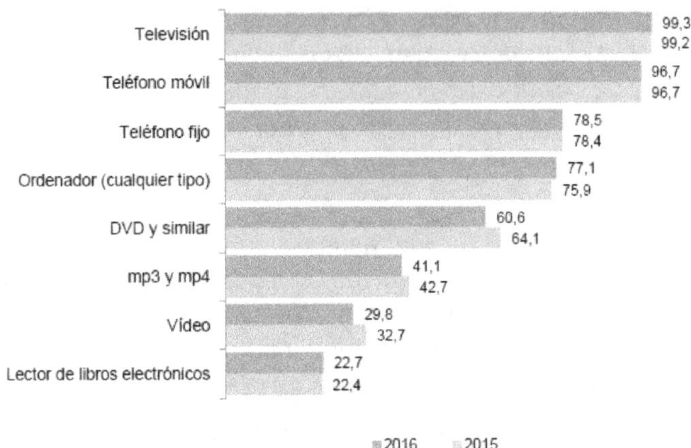

Fig. 1. INE 2016

Porcentaje de menores usuarios de TIC por sexo y edad
Año 2016

	Uso de ordenador	Uso de Internet	Disposición de móvil
Total	94,9	95,2	69,8
Sexo			
Hombres	95,6	95,7	68,8
Mujeres	94,2	94,7	70,9
Edad			
10	92,6	90,6	25,4
11	92,6	93,1	50,9
12	94,8	95,9	72,7
13	96,7	95,4	86,0
14	95,7	98,2	90,1
15	97,1	98,0	93,9

Fig. 2.INE 2016

Se observa que el 96.7 % de los hogares posee dispositivo móvil y además, los alumnos de 14-15 años, más del 90% posee móvil, por tanto es lógico considerar su integración como medio educativo. Esta edad correspondería a los alumnos de 3º de Educación Secundaria Obligatoria, que es nivel en el cual son enfocados los ejemplos de generación de apps (applications).

Su uso mediante mobile learning, a través del cual se realiza el aprendizaje ha quedado claramente definido. Se considera en este estudio su uso, además como herramienta educativa en sí misma, siendo este el medio a través del cual son explicados y asumidos los conceptos explicados utilizando la construcción de aplicaciones sencillas para estos dispositivos.

Objetivos Generales

App Inventor. Su componente lúdico y educativo

App Inventor es un entorno de desarrollo de software creado por Google Labs para la elaboración de aplicaciones destinadas al sistema operativo Android y mantenida ahora por el Instituto de Tecnología de Massachusetts (MIT del inglés Massachussets Institute of Tecnology). Permite que cualquier persona pueda crear aplicaciones de Software para Android. Utiliza una interfaz gráfica, muy similar al Scratch, que permite a los usuarios arrastrar y soltar objetos visuales para crear una aplicación que puede ejecutarse en el sistema Android.

Las aplicaciones creadas con App Inventor están limitadas por su simplicidad, aunque permiten cubrir un gran número de necesidades básicas en un dispositivo móvil, sensor de movimiento, GPS,..., tenemos que tener en cuenta que no estamos hablando de una programación clásica de texto, sino tal como ya hemos indicado se trata de conectar bloques visuales con el fin de generar una respuesta a través la interfaz de nuestro móvil. (Fig 3)

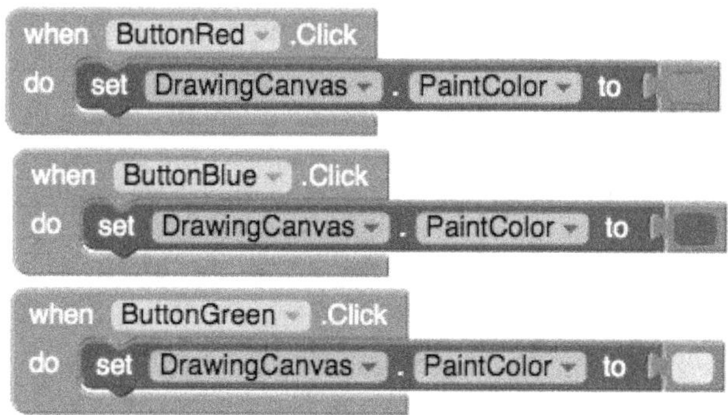

Fig 3. Ejemplo de programación de tres botones para pintar un lienzo.

El enfoque de los bloques de construcción gráficos para ensamblar la funcionalidad del programa fue inspirado por Scratch. Scratch es un sistema de programación simple usado para enseñar conceptos de programación (especialmente a usuarios de 8 a 16 años de edad). Al igual que App Inventor, Scratch ha adquirido una vida propia y también está alojado en MIT y se ejecuta en su navegador de Internet (además, está disponible también de una versión de descarga que se ejecuta en su propio ordenador).

Scratch no sólo se basa en bloques de construcción también se basa en un modelo de programación impulsada por eventos y soporta sprites (objetos móviles). Los sprites proporcionan una manera divertida y fácil a los niños d crear juegos interactivos. A pesar de que Scratch está diseñado para ayudar a los niños a aprender, el sistema de programación se utiliza para enseñar conceptos de programación introductoria en la escuela secundaria y el nivel universitario.

App Inventor está destinado - como Scratch - para permitir que la programación sea realizada por no programadores. App Inventor no reemplaza la necesidad de programadores profesionales, ya que hay muchas limitaciones a lo que pueden implementar en software. Pero la idea general es que la programación es una forma de expresión -como un dibujo o pintura de un artista, una historia de ficción de un escritor o una fotografía de un fotógrafo son formas de expresión. App Inventor permite a más personas expresarse en forma de una app (application) que hace algo.

Si está familiarizado con el movimiento "Fabricante" de proyectos de bricolaje, hay muchas herramientas disponibles hoy en día que permiten a las personas que no son ni técnicos ni ingenieros construir sistemas de control electrónico (como usar Arduino) o aplicaciones que utilizan App Inventor , O programas que utilizan Scratch y otras herramientas.

Todas estas facilidades en la creación de una app (programa informático para un dispositivo móvil), junto con la utilización de sprites y la programación bloques, dota a App Inventor de un componente lúdico.

El poder visualizar el resultado de un problema matemático, físico,..., en un dispositivo móvil proporciona al estudiante, de una aproximación al problema físico o matemático desde otra perspectiva diferente a la habitual en el aula o a través de un libro de texto impreso (y en ocasiones también al electrónico).

Método.

Contextualización de App Inventor en el ámbito de la educación secundaria.

<u>Alumnado al que va dirigido.</u>

Tal como se ha comentado anteriormente, la utilización de esta herramienta para la generación de apps estaría enfocada al alumnado de tercer o cuarto curso de secundaria, aquel de edad superior a 15 años. Son varios los motivos:

- La totalidad del alumnado posee de algún dispositivo móvil.

- Base científica suficiente, en nuestro caso matemática, para la compresión de conceptos.

- En algunos casos, algún alumno ya posee conceptos de programación.

- Alumnado familiarizado con el uso de equipos y software informático.

Debemos de tener en cuenta de la diversidad en cuestiones tecnológicas del alumnado y de aquellos que posiblemente necesiten de adaptaciones curriculares específicas para el desarrollo de la materia. Si se considera necesario, se pueden a algún alumno una pareja/tutor con el fin de guiar correctamente y avanzar en el desarrollo de la aplicación. Cabe decir que el manejo de la herramienta es muy sencilla y muy intuitiva con lo que no son necesarios conceptos de programación.

<u>Espacio para realizar el proyecto.</u>

App Inventor es una herramienta web, es decir es necesario acceder a ella mediante un navegador. Por tanto el aula para el proyecto docente debe de contar con el número suficiente de ordenadores con conexión a internet como alumnos tomen parte del proyecto. No son necesarios equipos potentes, si será necesaria una buena calidad de conexión a internet. En principio esto no resultaría un hándicap ya que la mayoría, sino la totalidad, de los centros docentes disponen de varias aulas de informática con equipos para todos los alumnos de una clase de tercero de la ESO.

La herramienta web se encuentra en la dirección:

<u>http://ai2.appinventor.mit.edu/</u>

Por tanto es una herramienta web de ahí una buena calidad de conexión a internet.

En el momento del primer acceso, se nos solicita que introduzcamos una cuenta de Google a la que asociar la herramienta, recordemos que es una herramienta desarrollada por Google Labs. Se introduce la cuenta y se le proporcionan permisos necesarios para así continuar a la aplicación. Fig 4.

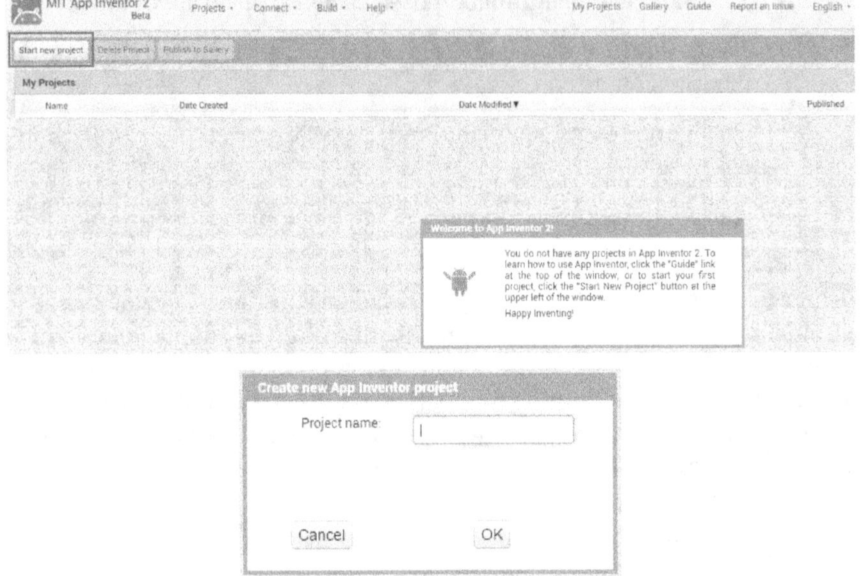

Fig.4. Creación de un nuevo proyecto de app

Elección del proyecto a realizar.

Son muchos los proyectos de ámbito científico que podemos crear, pero nos centraremos dentro de la asignatura de matemáticas. Hay que indicar que la realización de un proyecto de app nos ocupará dos sesiones como mínimo, una para la familiarización de la herramienta y diseño de la interfaz de la aplicación, y otra sesión para la programación e instalación en el dispositivo móvil.

Como ejemplos de proyectos se pueden realizar:

- Calculadora de operaciones con fracciones. Este proyecto se puede integrar dentro del bloque de Aritmética de la asignatura de matemáticas temporalizado en el primer trimestre.

- Resolución de una ecuación de segundo grado. Este proyecto se puede integrar dentro del bloque de Cálculo de la asignatura de matemáticas y temporalizado en el segundo trimestre.

- Calculo de la hipotenusa o de un cateto mediante el Teorema de Pitágoras. Este proyecto se puede integrar dentro del bloque de Geometría de la asignatura de matemáticas y temporalizado en el tercer trimestre.

- Calculadora Estadística, media, varianza, desviación típica. perteneciente al bloque de estadística y temporalizado el tercer trimestre.

Resultados

Creación de un proyecto de aplicación mediante el App Inventor.

El objetivo de la realización de una aplicación para un dispositivo móvil mediante la herramienta App Inventor es la consolidación de conceptos matemáticos, físicos, tecnológicos,..., mediante el desarrollo y creación de la aplicación. El alumno, utilizando herramientas tecnológicas, hace uso de las conceptos explicados previamente, esto tiene una clara relación con el concepto de aprendizaje invisible (Cobo y Moravec, 2011), es decir debemos de invisibilizar la tecnologías, para así ser capaces de generar, conectar y reforzar el conocimiento ya creado e impartido.

CALCULADORA DE OPERACIONES CON FRACCIONES

Se presenta a continuación la creación del proyecto de una Calculadora para un dispositivo móvil que realice las operaciones con fracciones.

Las operaciones con el conjunto $\mathbb{Q}$ de los números racionales vienen realizándose desde los últimos cursos de la primaria y hasta el curso que nos ocupa, aun así, existen en ocasiones dificultades en recordar por parte del alumnado de los algoritmos de las operaciones. Más concretamente a veces no se recuerda si para multiplicar dos fracciones se multiplican los numeradores y denominadores o se multiplican en cruz los numeradores y denominadores.

Objetivos: Consolidar mediante herramientas informáticas los algoritmos de suma, resta, multiplicación y división de fracciones.

Conceptos: Número Racional, numerador, denominador, suma, resta, multiplicación y división de fracciones.

Metodología: Se diseñará una calculadora para un dispositivo móvil, mediante la herramienta App Inventor. Se programará mediante bloques las operaciones.

Evaluación: Se instalará en un dispositivo y se generarán varios ejemplos de fracciones para su comprobación.

Diseño de la interfaz:

El funcionamiento de la calculadora será el siguiente:

Se le introducirán dos fracciones en forma numerador y denominador de cada una de ellas, esta información se introduce en etiquetas de texto. Se pulsará un botón de una de las cuatro operaciones, con lo que serán necesarios 4 botones y la aplicación devolverá el resultado en forma de fracción.

Para el diseño de la interfaz de la aplicación se necesitarán:

Labels (Etiquetas) para solicitar la información y presentar la solución:

- Numerador 1

- Denominador 1

- Numerador 2

- Denominador 2

- Solución

- Resultado de la solución (Oculta)

TexBox (Campos de texto) para introducir la información

- Junto a Numerador 1

- Junto a Denominador 1

- Junto a Numerador 2

- Junto a Denominador 2

Buttons (Botones) para lanzar los eventos:

- Suma

- Resta

- Multiplicación

- División

Todos estos elementos se pueden insertar dentro de layouts (Disposiciones para ordenar elementos). Para las labels y los textboxs se utilizaran layouts horizontales y para los botones se utilizará un layout en forma de tabla o tabular. Este diseño se puede observar en la Fig.5.

Además para que la aplicación presente el resultado en pantalla será necesaria una label (podemos llamarla solución) vacía de texto donde la aplicación nos devolverá el resultado al pulsar uno de los cuatro botones de las operaciones disponibles, suma, resta, multiplicación y división.

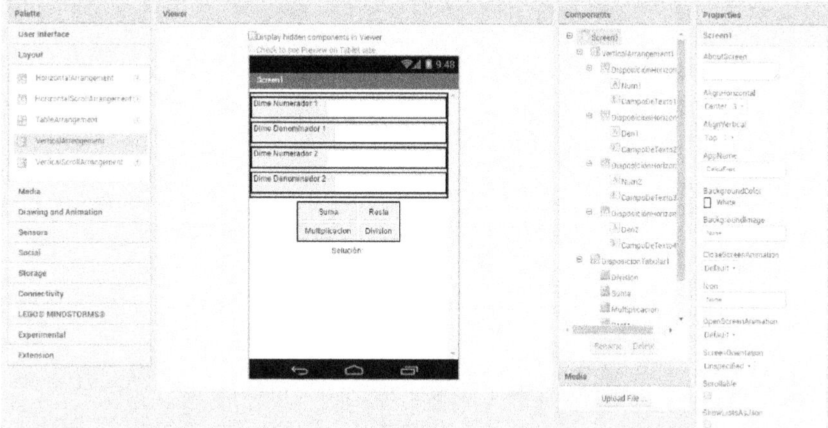

Fig. 5 Diseño de la interfaz

Programación de los bloques:

Una vez diseñada la interfaz de la aplicación procedemos a programar mediante bloque los eventos que se producen al pulsar los botones. Para ello accedemos a la parte de programación de bloques (Fig. 6).

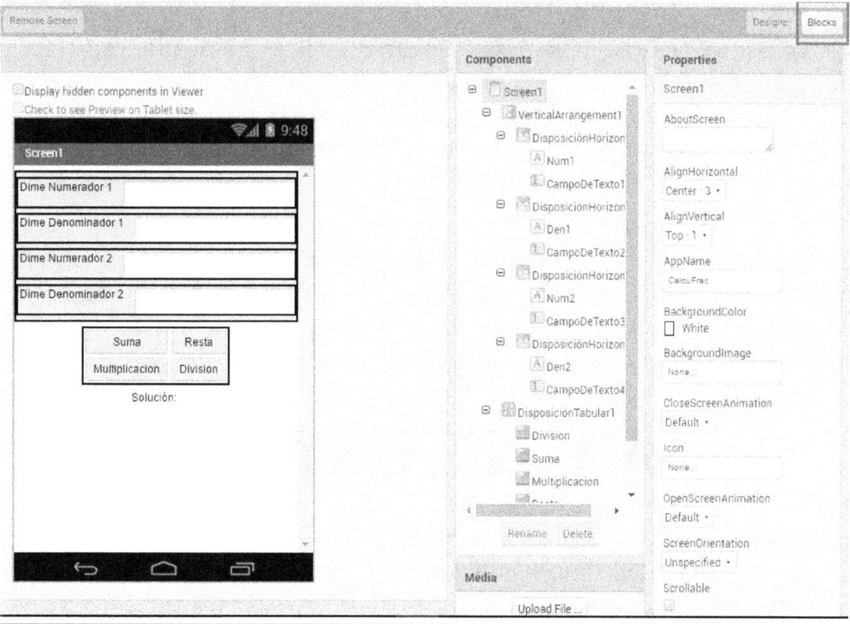

Fig.6. Acceso a la programación por bloques

Vamos a programar por ejemplo el evento "al hacer click en el botón suma".

Fig. 7. Bloque al hacer clic en el botón suma

Este bloque se extrae de la parte izquierda de la herramienta, cada label, button,... dispone de unos bloques de programación. Pulsaremos encima del botón de suma y extraeremos el bloque de la Fig.7 a la sección "viewer". Aquello que programemos en este bloque se ejecutará en el momento que hagamos click en el botón suma. Observamos la sencillez de este tipo de programación, es muy intuitiva.

Como queremos que nos aparezca la solución de la suma de las dos fracciones que le hayamos introducido al pulsar en este botón, seguidamente, como la solución la queremos en una etiqueta (aquella definida sin texto) pulsamos encima de ella y extraemos el bloque:

Este bloque lo que realiza en la inserción en el texto de la etiqueta (que ahora está vacio) de lo que le indiquemos a continuación. Ahora encajaremos ambos bloques uno dentro del otro, tal como se indica en la Fig.8., de esta manera queda patente el componente intuitivo y visual de este tipo de programación por bloques.

Fig.8. Encajamos los bloques

En la etiqueta de solución queremos el resultado en forma de fracción, para ello utilizaremos un bloque para unir tres elementos, el resultado del numerador, el símbolo de fracción "/" y el resultado del denominador. De momento solo unimos dos bloques, tal como ilustra la fig.9. y estos a los anteriores.

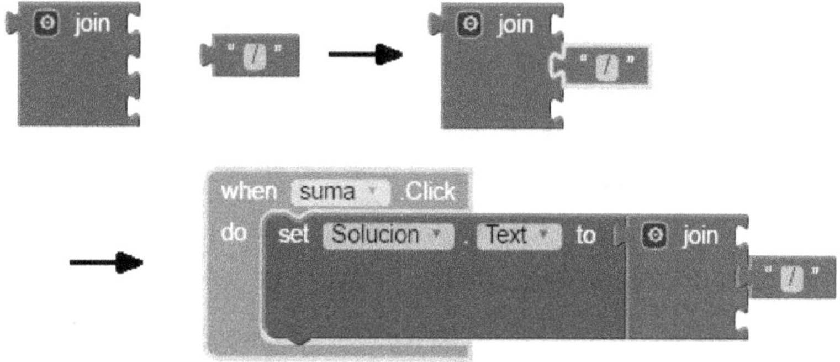

Fig.9. Encajamos el bloque "join" con el resto.

Resumiendo, cando hagamos click en el botón suma, el texto de la etiqueta solución será modificado con un resultado en forma de fracción.

En estos momentos solo nos faltaría el cálculo del numerador y del denominador, para ello utilizamos la definición de la suma de dos números racionales,

$$\frac{a}{b} + \frac{c}{d} = \frac{a \cdot d + b \cdot c}{b \cdot d}$$

Recogemos el texto que hemos incluido en los "textbox" mediante los bloques:

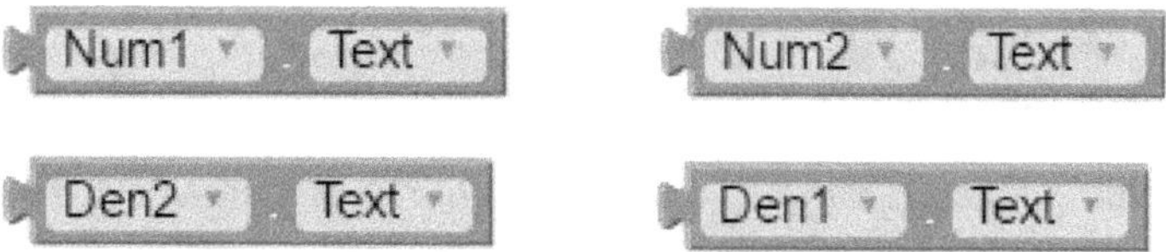

Utilizamos ahora los bloques de operaciones matemáticas incluidas dentro del Built-in / Math

Y los unimos para realizar la operación del numerador y denominador:

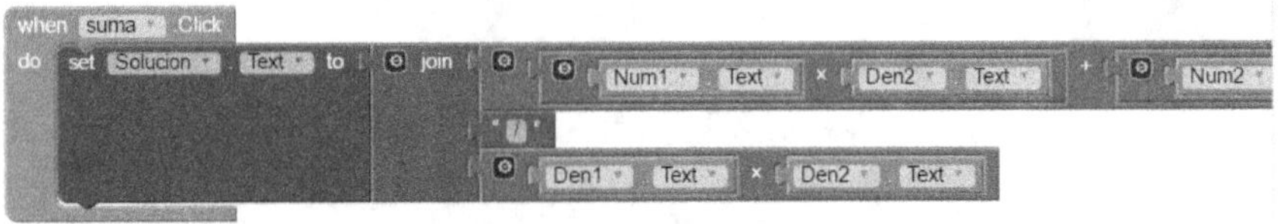

Una vez encajamos estas operaciones con los bloques anteriores ya tenemos finalizado el evento del botón suma, ver la Fig. 10.

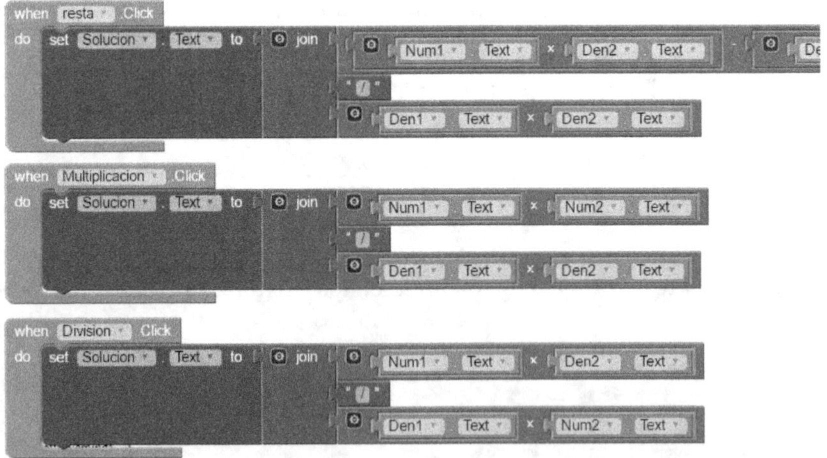

Fig. 10. Programación del evento del botón suma completa

Esta fase de la programación puede realizarse por parte del docente a modo de explicación y ejemplo de la operativa de programación mediante bloques. El resto de botones se dejaría, ya como tarea, al alumnado.

Presentamos a continuación los bloques:

Para visualizar la aplicación en un dispositivo móvil tenemos varias opciones:

- Utilizar durante la creación de la app del emulador que provee App Inventor. Necesita de software adicional instalado en el ordenador por lo que no es recomendable para su uso para el proyecto en un aula de secundaria si con anterioridad no se ha instalado en todos los ordenadores del aula.

- Utilizar la conexión mediante cable USB del ordenador al móvil para así visualizar el desarrollo de la app durante su creación (ver Fig. 11). Tampoco es recomendable, ya que hay que instalar software adicional en el dispositivo móvil. Cada alumno dispone de un terminal diferente con lo que dificulta la actuación en grupo. Además recordemos que para la detección de los dispositivos móviles es necesario la instalación de drivers. Como el número de modelos, dentro de un mismo fabricante incluso, es muy elevado, se hace farragosa la instalación de cada de uno de ellos. No es viable dentro de un aula de secundaria.

- Generar un paquete de instalación desde la herramienta web en Build > App (save .apk to my computer), acceder a él desde el dispositivo móvil e instalar la app. (ver Fig. 12)Este es el método más aconsejable para la realización del proyecto en una clase de secundaria.

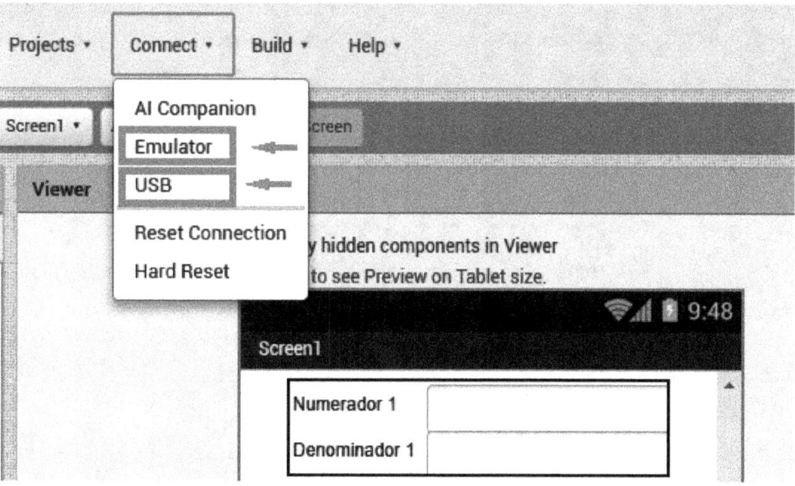

Fig. 11. Ejecución mediante emulador o cable USB

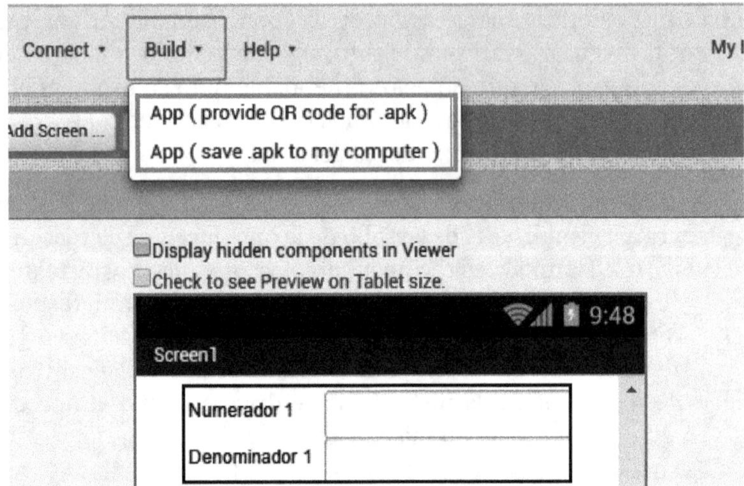

Fig. 12. Creación de un ejecutable.

Vamos a ejecutar nosotros a modo de ejemplo mediante el emulador para observar como ha quedado la aplicación y como se vería en un dispositivo.(Ver Fig. 13.)

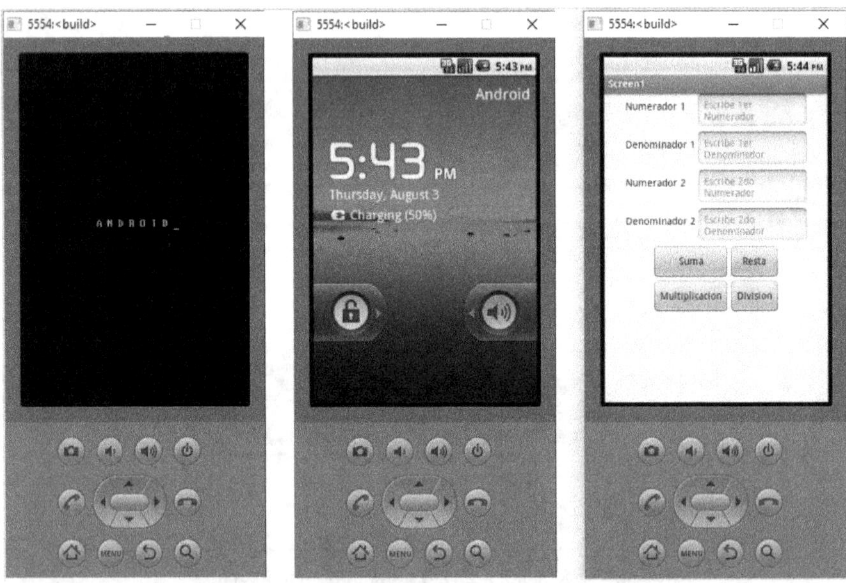

Fig. 13. Estados del emulador del App Inventor al ejecutar la app.

Discusión y conclusiones.

La valoración del proyecto por parte de los alumnos se realizó mediante un formulario de preguntas donde se pudo analizar los aspectos positivos y negativos de la herramienta.

En el formulario se plantearon las siguientes cuestiones:

Operativa y utilidad del App Inventor

- ¿Te parece sencillo el diseñador de interfaz?
- ¿Te parece sencillo el diseñador de bloques?
- ¿Te parece sencillo el uso del emulador?
- ¿Te parece sencillo el uso del generador de apk?
- ¿Utilizarías el App Inventor para otra asignatura?

Conceptos Matemáticos consolidados mediante el App Inventor

- ¿Piensas que la operativa de fracciones te ha quedado más clara?
- ¿Serias capaz de decir cómo se suman y restan dos fracciones?
- ¿Serias capaz de decir cómo se multiplican dos fracciones?
- ¿Serias capaz de decir cómo se dividen dos fracciones?
- ¿Ves más aplicaciones dentro de la asignatura de matemáticas donde puedas utilizar el App Inventor? ¿qué otras aplicaciones?

Los resultados obtenidos son recopilados, presentados y analizados a continuación.

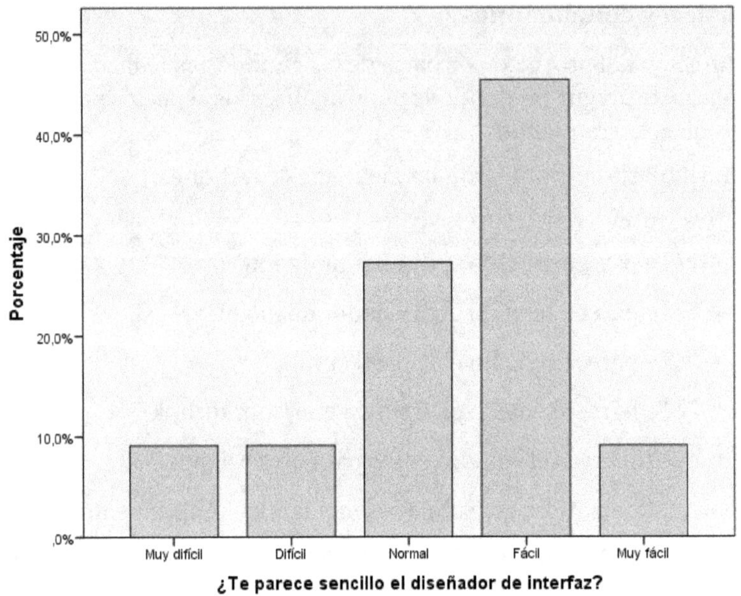

Fuente: Elaboración propia

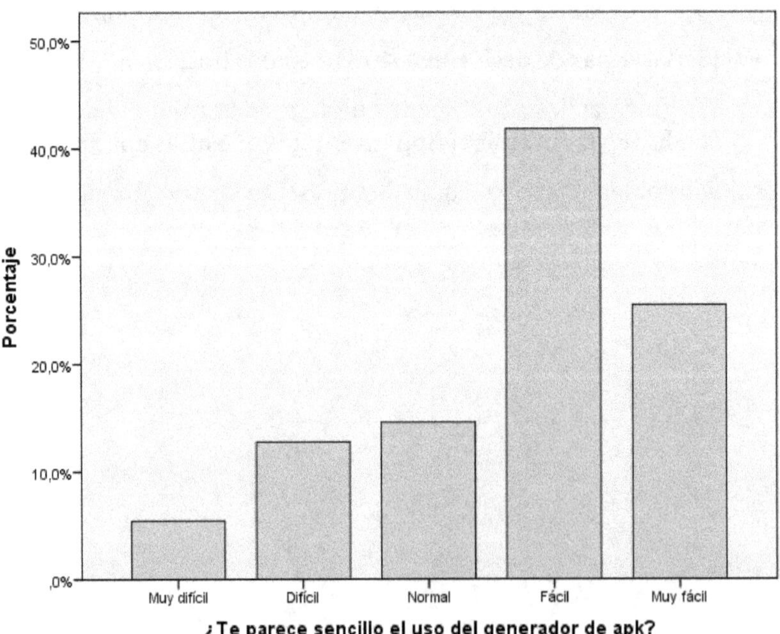

Fuente: Elaboración propia

En esta gráfica se observa como el diseño de la interfaz ha sido claramente sencilla para la mayoría del alumnado. El mismo resultado lo tenemos para la pregunta del uso del generador de apk, Recordemos que se encarga de generar un ejecutable para instalar la app en nuestro dispositivo, la única dificultad es hacer llegar el archivo al dispositivo. El alumnado se muestra imaginativo para esto, utilizando cable usb, bluetooth o incluso adjuntando el archivo a un correo electrónico y recepcionándolo en el dispositivo móvil para su ejecución e instalación. En esta fase el alumno se da cuanto como se ha generado una aplicación para un dispositivo móvil, para ellos, las aplicaciones eran "entes" que se encontraban alojados en el PlayStore.

Sin embargo si observamos las siguientes gráficas donde se pregunta por el diseñador de bloques y el uso del emulador las respuestas son dispares.Vemos que el diseñador de bloques presenta ya una mayor complejidad al alumnado. Es ya la parte donde se programa el comportamiento de la app, donde se le indica a los botones, etiquetas y campos de texto diseñados anteriormente, cuál será su comportamiento y utilidad.

Aunque el proceso de programación mediante bloques visuales es más intuitivo que la programación tradicional presenta más problemas de comprensión al alumnado debido a su grado de abstracción.

Con el emulador el problema viene con su utilización, para poder utilizarlo es necesario instalar previamente en el ordenador una serie de drivers. Una vez se ejecuta por primera vez el emulador, este solicita una actualización. El emulador es lento en ejecutarse, además es visualmente arcaico, sería necesario una mejora del emulador adaptándose a dispositivos móviles más actuales.

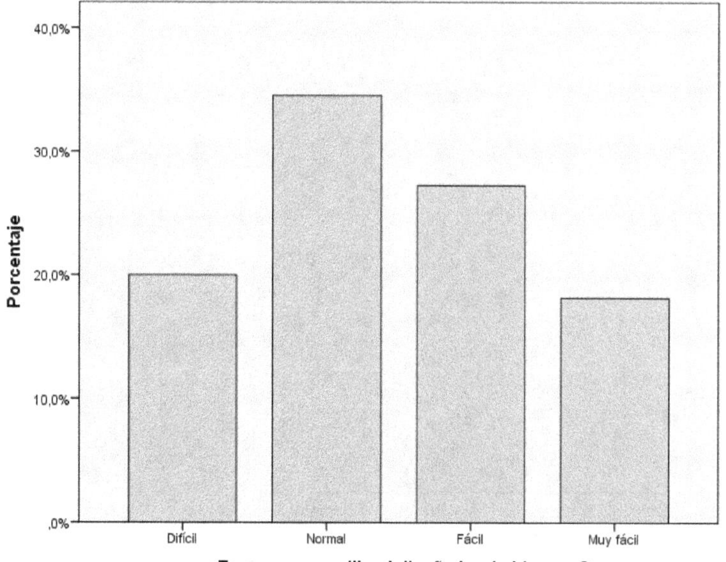

Fuente: Elaboración propia

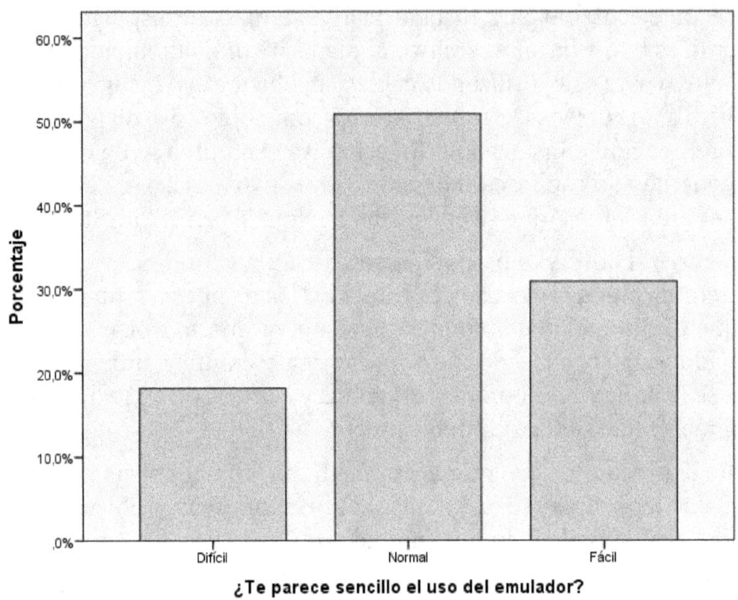

Fuente: Elaboración propia

Otra cuestión que se les plantea al alumnado es la posibilidad de uso en otras asignaturas.

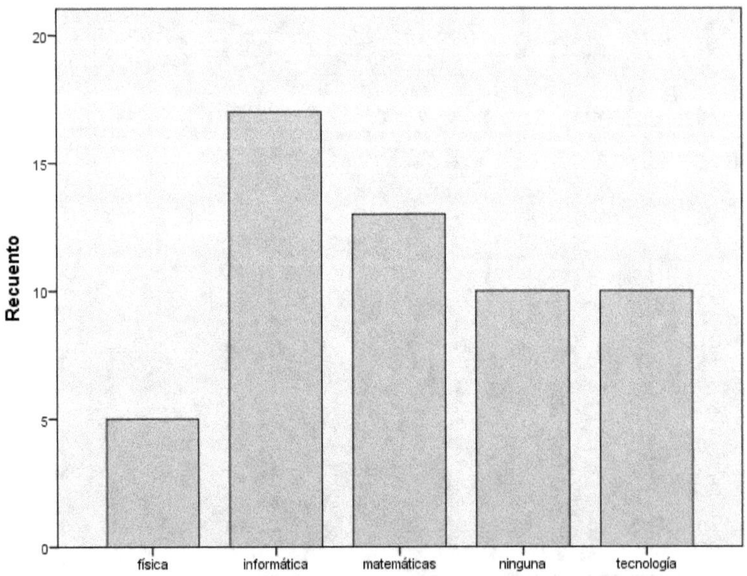

Fuente: Elaboración propia

Tal y como se observa en el gráfico el alumnado considera que otra asignatura principal para el uso de esta aplicación es la de informática. Vuelve a aparecer matemáticas, con lo que parece ser que encuentran más utilidades dentro de estas para la generación de aplicaciones.

Pasemos ahora las cuestiones planteadas sobre el aprovechamiento y consolidación de los conceptos matemáticos a través de esta herramienta. Recordemos que se ha desarrollado una aplicación para un dispositivo móvil que opere mediante fracciones, por tanto los conceptos que deseamos queden consolidados por parte del alumnado serán los de operaciones con fracciones, suma, resta, multiplicación y división. Por tanto son esas las preguntas que se les realiza a través del formulario obteniéndose que ha habido un aumento de la comprensión del algoritmo de la suma/resta, multiplicación/división, cabría comprobar esta mejora realizando una prueba escrita sobre operaciones con fracciones, no fue realizado al no encontrarse este tema en la temporalización de la asignatura cuando fue realizada este estudio.

¿Piensas que la operativa de fracciones te ha quedado mas clara?

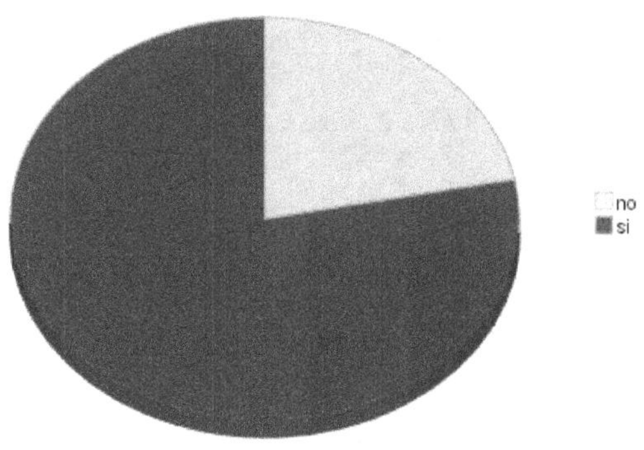

Fuente: Elaboración propia

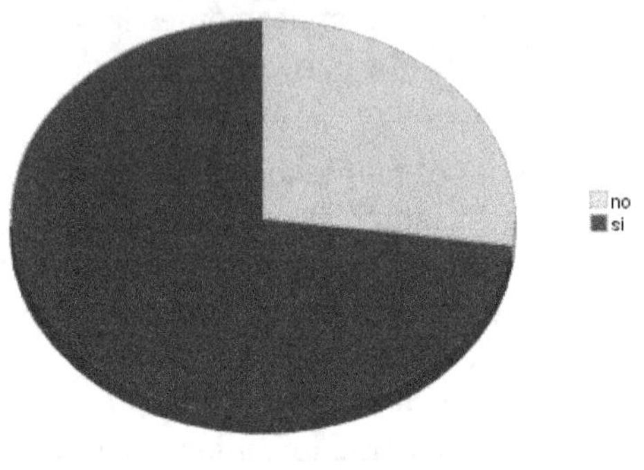

Fuente: Elaboración propia

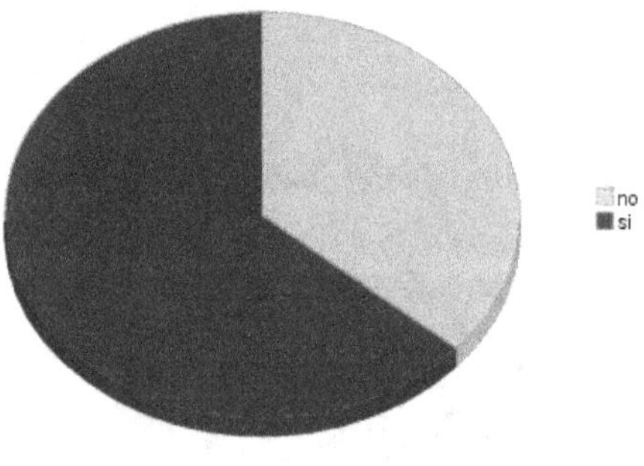

Fuente: Elaboración propia

Podemos concluir entonces las siguientes características que han resultado positivas de la herramienta:

- Gratuidad de la herramienta

- Acceso a la aplicación por internet, no siendo necesario estar presentes en el instituto para poder utilizarla.

- Sencillez en el diseñador de interfaces, muy intuitivo.

- Fácil programación mediante el editor de bloques, alguno de ellos ya habían utilizado en otras asignaturas la programación mediante Scratch, el cual se puede considerar padre de esta herramienta.

Hay que indicar que también encuentran aspectos negativos como:

- El emulador, es lento, necesita de instalación de drivers previa.

- La conexión mediante USB para su visualización, es necesario instalar los drivers del teléfono previamente. Debido a la cantidad de dispositivos existentes en el mercado se hace tedioso la instalación de los drivers en todos los ordenadores de todas las marcas de dispositivos.

- Falta de diferentes prácticas para evaluar las distintas opciones de programación del dispositivo móvil. Hay que indicar que esto se va subsanando gracias a la aportación de tutoriales en internet por diferentes usuarios. A medida que se utilice esta herramienta se dispondrá de más.

En base a los resultados obtenidos en el proyecto se puede determinar que la utilización de App Inventor como herramienta docente es una fuente enriquecedora de nuevas experiencias de aprendizaje y que conlleva el aprendizaje y desarrollo personal de los usuarios.

La innovación en las prácticas pedagógicas provoca una gran predisposición por parte del alumnado, dando a entender que es el momento de considerar alternativas de aprendizaje mediante tecnologías digitales como la que hemos presentado en este artículo.

Referencias bibliográficas

App Inventor, http://appinventor.mit.edu/explore/resources.html.

Bautista, A. y Alba, C. (1997). "¿Qué es Tecnología Educativa? Autores y significados", Revista Píxel-bit, nº 9, 4.

Cobo Romaní, C.; Moravec, John W. (2011). *Aprendizaje Invisible. Hacia una nueva ecología de la educación.* Col-lecció Transmedia XXI. Laboratori de Mitjans Interactius / Publicacions i Edicions de la Universitat de Barcelona. Barcelona.

Cerrillo R., Esteban Moreno, RM. y Paredes Labra J. TIC e inclusión en aulas de secundaria de la comunidad de Madrid: Análisis de las prácticas docentes en el modelo 1 a 1. Universidad Autónoma de Madrid VOL. 18, Nº 3 (sept.-diciembre 2014).

I.N.E. Encuesta sobre Equipamiento y Uso de Tecnologías de Información y Comunicación en los Hogares. Año 2016.
http://www.ine.es/prensa/np991.pdf

ISEA S.Coop. (2009). Mobile Learning, Análisis prospectivo de las potencialidades asociadas al Mobile Learning.

Mora, F. (2013). El mobile learning y algunos de sus beneficios. Revista CAES, 4(1), 47-67.

Moreno Navarro, A. Un análisis sobre el papel de las nuevas tecnologías en el campo de la educación del siglo XXI. II Congreso Internacional Virtual sobre La Educación en el Siglo XXI (marzo 2017)

CAPÍTULO III

ESTRATEGIAS Y HERRAMIENTAS PARA ENSEÑAR MATEMÁTICAS A NIÑOS CON TEA

María Amparo Edo Claramonte
Universidad Nacional de Educación a Distancia

Resumen

En este trabajo se plantean unas estrategias y herramientas para todos aquellos docentes, que sin ser expertos en tratar a niños con Trastorno de Espectro Autista, les ayuden a desempeñar su trabajo y así favorecer el desarrollo cognitivo del alumnado en el área de matemáticas. La intervención en el aula tiene una gran relevancia en la evolución de estos niños y niñas, por lo que es esencial la contribución activa en su desarrollo por parte de los docentes. El objetivo general es fomentar el aprendizaje del alumno/-a con TEA en el área de matemáticas en la etapa de Infantil, favoreciendo su autonomía en la realización de tareas de la vida diaria.

Palabras claves: TEA, herramientas, matemáticas, estrategias, infantil.

Introducción

En general, actualmente, en el ámbito de la educación infantil la mayoría de los niños/-as con autismo comparten el aula o determinados espacios del centro. Los niños diagnosticados de TEA se encuentran dentro del grupo de alumnos con necesidades educativas especiales (NEE), lo que significa que precisan de una metodología adaptada y, en la mayoría de casos, refuerzo escolar y adaptación del currículo.

La educación de estas personas requiere más recursos, tanto personales como materiales, es decir, además de ser personalizada debe ser realizada por profesionales cualificados y con gran capacidad de comprensión y de entrega, así como buenos conocedores de las técnicas y procedimientos adecuados.

Cuando se encuentran dentro del aula, recibe la ayuda del maestro/-a - tutor/-a , así como la del maestro/-a de apoyo (de educación infantil, especialista en Audición y Lenguaje (AL) o de Pedagogía Terapéutica (PT)). El propósito de este trabajo és informar y orientar, de forma simple, a aquellos docentes, que sin ser expertos en el tema (pedagogos terapeutas, logopedas, psicólogos,...), puedan desempeñar su trabajo y así favorecer el desarrollo cognitivo del alumnado con TEA en el área de matemáticas.

Los niños y niñas de edades tempranas se caracterizan por tener una intensa actividad y curiosidad. El hecho de darles la posibilidad de manipular, experimentar y expresarse ayuda a mantener activa su motivación y favorece la adquisición de conocimientos, de esta forma los hacemos participes de su propio aprendizaje.

Llegado a este punto nos debemos preguntar...¿Los niños y niñas con Trastorno de Espectro Autista aprenden igual las matemáticas que los demás?. Su forma de aprender es diferente debido a sus dificultades para la simbolización y la distinta forma que tienen de procesar la información.

> Como docentes, debemos tener en cuenta que existen muchos aprendizajes que el resto de alumnos adquieren de forma rápida o incluso espontánea, sin necesidad de que se lleve a cabo una enseñanza específica, sin embargo, con estos alumnos debemos llevar a cabo una enseñanza explícita, valiéndonos de apoyos, ya que presentan un proceso de aprendizaje y consolidación más lento. Siendo necesario un trabajo más exhaustivo para lograr la adquisición y consolidación de los aprendizajes. (Aguirre, Álvarez, Angulo y Prieto, 2009)

Para determinar que tipo de estrategias y herramientas más adecuadas a desarrollar se hace necesario conceptualizar dicho trastorno.

Marco teórico

Los criterios diagnósticos del autismo han sido modificados a lo largo de las diferentes versiones del Manual Diagnóstico y Estadístico de Trastornos Mentales (DSM). En este trabajo nos centraremos en el TEA, el cual, se define según el DSM-V (2013), en su última edición, como aquel sujeto que presenta deficiencias persistentes en la comunicación social y en su interacción en diversos contextos. Según Hortal (2014), la Federación Española de Autismo define a este trastorno de la siguiente manera: "El autismo es una alteración que se da en el neuro-desarrollo de competencias sociales, comunicativas y lingüísticas y de las habilidades para la simbolización y la flexibilidad".

El **Trastorno de Espectro Autista** es una condición neurológica y de desarrollo que comienza en la niñez. Afecta cómo una persona se comporta, interactúa con otros, se comunica y aprende. Los trastornos del espectro autista también pueden llamarse trastornos generalizados del desarrollo (TGD). Se llama "trastorno de espectro" porque diferentes personas con TEA pueden tener una gran variedad de síntomas distintos, estos abarcan discapacidades leves y graves.

Este alumnado presenta unas necesidades educativas especiales ya que tienen mayores dificultades que el resto de sus compañeros para acceder a los contenidos del currículo correspondiente a su edad, por lo que precisa de apoyos y atenciones específicas. Entre las necesidades educativas especiales más relevantes, dependiendo del grado de afectación, podemos destacar algunas como:

- **Dificultades para comprender y expresar mensajes orales** (Nos oyen pero no saben interpretar el mensaje que les trasmitimos). Muchas personas con TEA carecen de lenguaje y presentan dificultades de "comprensión": problemas de expresión oral, desde el mutismo absoluto o ecolalias (repetición de determinadas palabras), hasta el uso de la palabra "tú" con el significado de "yo" (inversión pronominal), dificultades con el tono y el ritmo de la entonación, o dificultades conversacionales como temas de interés repetitivos, dificultades para establecer contacto ocular y para comprender los gestos y posturas de los demás. Tampoco entienden las frases con doble sentido, bromas, lenguaje metafórico, por lo que, incluso aquellos que disponen de capacidades verbales adecuadas, pueden tener problemas para seguir correctamente una conversación.

- **Su manera de organizar y estructurar el conocimiento** se basa **en "imágenes mentales"**, por lo que toda la información que se les proporciona (órdenes verbales, rutinas diarias, cuentos,...) debe ir acompañada de una imágen, dibujo o pictograma.

- **Dificultad en habilidades sociales**: estas pueden presentarse de diferentes formas dependiendo de la persona: desde mostrar poco interés por los demás y preferir actividades en solitario, hasta una aceptación pasiva de los otros aunque con dificultades para iniciar y mantener las relaciones, compartir intereses y desarrollar interacciones recíprocas.

- **Dificultad para desenvolverse ante cambios o situaciones no estructuradas**. Su pensamiento simbólico es muy limitado, lo que supone grandes dificultades para imaginar, organizar el tiempo o desarrollar actividades de manera espontánea. Por ello, pueden aparecer ciertos comportamientos obsesivos y rígidos (afán exagerado por el orden de los objetos, movimientos estereotipados, rutinas, temas de interés recurrentes y peculiares y gran dificultad para adaptarse a los cambios (Necesidad de anticipar los cambios con antelación suficiente).

Objetivos

El objetivo general es fomentar el aprendizaje en el alumnado con TEA en el área de matemáticas en la etapa de Infantil, favoreciendo su autonomía en la realización de tareas de la vida diaria, así como, promover un aprendizaje cooperativo para ayudar en su integración con el resto de compañeros/-as, todo ello poniendo en práctica estrategias y herramientas/materiales a diario en el aula. Estas se utilizarán, para facilitar el proceso de enseñanza-aprendizaje de las nociones matemáticas básicas y contribuir en el desarrollo de las siguientes capacidades:

1. Establecer comparaciones entre cantidades de objetos separados y expresar los resultados con la ayuda de cuantificadores.

2. Comparar cantidades de objetos separados con la ayuda de los aspectos cuantitativos de las correspondencias entre conjuntos.

3. Conocer los diez primeros números naturales a partir de la experiencia con conjuntos de objetos.

4. Formar y reconocer conjuntos que tengan el mismo número de elementos que uno dado.

5. Formar y reconocer conjuntos que tengan más o menos elementos que uno dado. Comparar los cardinales de los conjuntos.

6. Ordenar conjuntos según su cardinal y ordenar los cardinales de estos conjuntos. Contar progresiva y regresivamente.

7. Utilizar los números para representar cantidades.

Metodología

Teniendo en cuenta que los niños y niñas con TEA responden más positivamente a los estímulos visuales y que las actividades que se trabajen deben ser significativas, orientadas hacia un aprendizaje comprensivo y de resolución de problemas, y considerando las aportaciones de Marian Sirera (Pedagoga en Red Cénit, Valencia), se proponen ciertas **estrategias** que el docente puede aplicar:

1. Partir de los conocimientos previos del alumno para que el aprendizaje sea significativo. Para ello, realizaremos una **evaluación inicial**.

2. Lo importante es adivinar cuáles son sus preguntas, es decir, **saber qué es lo que entiende y qué no** y sobre todo no emitir reproches. Es bueno felicitarlo, no les es indiferente lo que le digamos, ya que una conducta disminuye o se intensifica en función de las consecuencias que tenga. En nuestro caso, los refuerzos positivos pueden a ser: actividades, elementos u objetos que le atraigan, juegos, abrazos, saltar, música, canciones, masajes o elogios por ejemplo. De esta manera conseguiremos que el/la niño/a asocie una determinada respuesta a una consecuencia positiva para él/ella y la probabilidad de que se repita aumentará. Además, si a

continuación de realizar una actividad que no le gusta o le disgusta (hacer los deberes de matemáticas por ejemplo) se puede tener una actividad que sí que le gusta (por ejemplo jugar con los coches), incrementará la probabilidad de que haga aquello que no le gusta.

3. Finalmente, para hacernos entender, evitar hacer preguntas indefinidas, evitar modismos, dobles significados, sarcasmos, bromas. Ser concretos y claros

4. Aprenden mejor cuando el lenguaje que utilizamos para comunicar ideas matemáticas se complementa con los **apoyos visuales** (instrucciones visuales mediante pictogramas, imágenes o dibujos). Estos materiales se utilizan para suplir las deficiencias que presenta el alumnado en otros aspectos y aprovechar sus fortalezas. Es interesante que cada tarea este organizada visualmente de forma atractiva, para lo cual se debe de tener en cuenta los intereses del alumno/-a, minimizando distracciones innecesarias, realizando instrucciones visuales en las actividades .

5. Entender que muestren desinterés en lo que tratas de enseñarle, puesto que su campo de interés es limitado y varía con el tiempo. Para captar su atención y que aprendan es importante hacerlo **interactivo y divertido**. Incluyendo los intereses de los niños/as en los problemas matemáticos, estos aprenden con mayor facilidad a través de tareas manipulativas y apoyando el aprendizaje en imágenes, dibujos, gráficos, pictogramas,etc. , tal y cómo hemos indicado en el punto anterior.

6. Muchas veces las habilidades motoras finas están afectadas y este tipo de actividades se asocian a papel y lápiz, para ello se pude **hacer uso de las tecnologías**. Con las TIC, también se pretende mejorar la comunicación y el lenguaje, que sean capaces de expresar sus emociones y que identifiquen las de los demás, mejorando así su interacción social. Permitiéndoles disponer de una herramienta que les ayude en su inserción social, buscando la integración del niño/-a en su entorno, el desarrollo de sus capacidades y su autosuficiencia.

7. **Darles más tiempo** para procesar la información y usar instrucciones cortas y concisas ya que tienen dificultades para recordar secuencias. Se pueden proponer actividades cortas, que puedan terminar, con el fin de favorecer su autoconcepto y el mantenimiento de la atención y la motivación.

8. Por otra parte, el proceso de aprendizaje es más lento, por lo que su proceso de consolidación también.

9. Prepararse para que todo tenga una estructura. Sus días suelen estar estructurados, por eso es bueno **mantener un orden y** evitar distractores visuales y desorganización.

10. Para facilitar el aprendizaje del alumnado se organiza la información en actividades y materiales en los cuales se destaca la información principal de forma clara, para que sepa qué debe hacer y en qué orden, dándole toda la autonomía e independencia personal que sea posible. De esta manera se reduce su nivel de ansiedad y la necesidad de apoyo constante por parte del tutor/-a.

Por otra parte, los procedimientos para la construcción de los conceptos y el desarrollo de las capacidades enumeradas anteriormente, aplicadas a niños/-as de infantil, deben adaptarse a las características del alumnado con Trastorno de Espectro Autista, la aplicación de los cuales son:

1. *Establecer comparaciones entre cantidades de objetos separados y expresar los resultados con la ayuda de cuantificadores.*

En los primeros pasos del desarrollo de esta capacidad se trabaja exclusivamente con objetos reales en situaciones cotidianas, para pasar con posterioridad a la realización de actividades con representaciones gráficas en las que sea necesario utilizar los cuantificadores (uno o muchos, muchos/pocos, todos/ninguno)

2. *Comparar cantidades de objetos separados con la ayuda de los aspectos cuantitativos de las correspondencias entre conjuntos.*

Desde el inicio se trabaja con dos conjuntos de cardinales muy contrastados, cuyos elementos sean lo más parecidos posible (mejor si son iguales). Es decir, si lo que se quiere es que comparen cantidades y puedan llegar a expresar *hay más_que_ o hay menos_que_*, se intenta que no sea otra característica diferenciadora de los elementos la que capte su atención. Al comparar lo que se pretende es que puedan percibir que la cantidad es diferente.

También se puede empezar con el concepto de igualdad respecto de la cantidad, aprovechando situaciones o actividades que se presenten en la clase. Por ejemplo, se forman en clase grupos de tres niños o de tres niñas para hacer un juego y se les pide que comprueben que todos tienen el mismo número de miembros. En cualquier actividad de este tipo será necesario verbalizar *hay igual cantidad de_que de_* o *hay tantos de_como de_*, cuando se compruebe la igualdad comparando los cardinales de los conjuntos.

3. *Conocer los diez primeros números naturales a partir de la experiencia con conjuntos de objetos.*

El objetivo de esta capacidad es afinar la percepción aproximada de la cantidad introduciendo los números para precisarla. Para construir cada uno de ellos se utiliza el procedimiento siguiente: añadir un elemento a la cantidad correspondiente al número anterior al que queremos introducir y presentar el nuevo número asociándolo a la cantidad que acabamos de formar.

4. *Formar y reconocer conjuntos que tengan el mismo número de elementos que uno dado.*

A medida que el alumnado va conociendo los números se refuerza la idea de número de elementos de un conjunto y se asimila el aspecto cardinal de los números naturales. Teniendo en cuenta que usaremos los números que conozcan en todo momento, hará falta que formen conjuntos con el mismo cardinal que otro dado. Hay que insistir en que los elementos pueden ser diferentes a los del modelo, sólo hará falta que el conjunto tenga el mismo cardinal. Una vez este creado el nuevo conjunto,es importante preguntarles cuántos elementos había en el primero y cuántos hay en el que han formado. En este momento la fuerza tiene que recaer en la comprobación de la igualdad de los cardinales y en la correcta verbalización de esta.

5. *Formar y reconocer conjuntos que tengan más o menos elementos que uno dado. Comparar los cardinales de los conjuntos.*

Partiendo de los números que conoce el alumnado, estos deben formar conjuntos con más o menos elementos que otro dado. Hay que insistir en que los elementos pueden ser diferentes a los del modelo, sólo hará falta que el nuevo conjunto tenga más o menos que aquel. Cuando este creado el nuevo conjunto se le pregunta al alumnado cuántos elementos había en el primer conjunto y cuántos hay en el que han formado. En este momento la fuerza recae en la comprobación de la desigualdad de los cardinales y en la correcta verbalización de esta.

Si lo que se quiere es reconocer la diferencia de cardinales entre conjuntos, el alumnado tendrá que encontrar, a partir de un conjunto modelo y de varios de distintos cardinales alguno con más o menos elementos que el primero.

Es imprescindible llegar siempre a expresar adecuadamente la desigualdad entre los cardinales de los dos conjuntos y, por tanto, el orden de los mismos.

En el desarrollo de esta capacidad tenemos que reconocer dos niveles de aproximación a los números. Primeramente, al observar los conjuntos, hay que comparar la cantidad de elementos que tienen. Después, fijarse en los números que simbolizan los cardinales, compararlos y, recordar las cantidades que representan, ordenarlos siendo esta la acción buscada.

6. *Ordenar conjuntos según su cardinal y ordenar los cardinales de estos conjuntos. Contar progresiva y regresivamente.*

Como complemento de la capacidad anterior y con la intención de ordenar toda la serie numérica que se trabaja en educación infantil, se pretende continuar reproduciendo el mismo proceso de comparación, pera con la dificultad añadida de trabajar con más conjuntos.

Se empezará comparando las cantidades de elementos de tres conjuntos que pueden o no corresponder a números consecutivos y, después de verbalizar sus desigualdades, se llega a la expresión del orden entre los números implicados. Por ejemplo, si en la cesta donde dejan sus almuerzos tenemos dos bocadillos de paté, tres de jamón y siete de atún, se ordenan los conjuntos y se verbaliza: *hay menos bocadillos de paté que de jamón y menos de jamón que de atún*, para poder decir a continuación que *dos es menor que tres y tres es menor que siete*. Evidentemente también se puede realizar la comparación inversa y ordenar así los números de mayor a menor.

Es importante que completemos estas actividades con otras en las cuales sea necesario contar ordenadamente diferentes cantidades de objetos para ayudarles a fijar la numeración de los números de manera natural en su pensamiento. Podemos ayudar con juegos o canciones en las que el conteo se realiza tanto progresiva como regresivamente, acompañándolo de la representación real de aquello que están cantando, para que no se trate sólo de recitar los números mecánicamente, sino de asociarlos con la cantidad de objetos que les corresponde.

7. *Utilizar los números para representar cantidades.*

El objetivo que nos marcamos en el desarrollo de esta capacidad es que los niños y las niñas observen la presencia casi constante de los números en su vida y que reconozcan la unidad de los mismos en cualquier situación cotidiana.

Se trabaja principalmente en el último curso de infantil a partir de conversaciones entre iguales, explicaciones de distintas situaciones tanto de la vida como de las que se realiza en clase...

Herramientas/materiales

Una vez establecidas las estrategias y estudiado los procedimientos para el desarrollado de las capacidades, fomentando en todo momento la atención y motivación del alumnado, pasamos a ver las herramientas. Estas, en su mayoría, pueden ser utilizadas con el alumno/-a con TEA y con el resto de compañeros/-as (realizando las modificaciones necesarias). Se trata de procurar la máxima integración posible del alumno/-a en el aula, a través del trabajo cooperativo, con el apoyo de un compañero/-a y o tutor/-a que le ayudará en el desarrollo de las actividades.

Con estos materiales/herramientas se pretende que el alumnado adquiera la noción de número. Pudiendo leer y escribir los números además de asociar número y cantidad. Para ello se utilizará material manipulativo, en el que el alumno/-a tendrá una participación activa en su proceso de enseñanza aprendizaje. .

Herramienta 1: Anillas de colores.

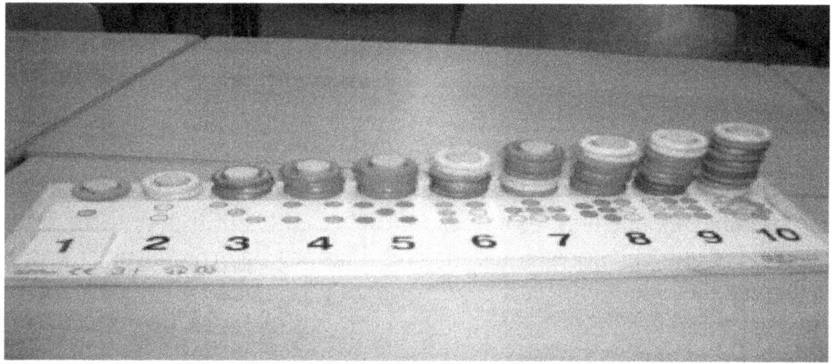

Material: Anillas de colores (fabricado por Goula).

Fuente: *"Desarrollo del pensamiento matemático en la educación infantil"* de Inmaculada Pérez Serrano, M. Alcalde Esteban y Gil Lorenzo Valentini.

(UJI Departamento de educación)

El material consta de una base de madera sobre la que se levantan 10 columnas de diferentes alturas (según el número de anillas, de 1 a 10, que se deben colocar en ellas) ordenadas de manera ascendente de izquierda a derecha. Incluye además, 10 tablillas cuadradas también de madera en las que aparecen las grafías del 1 al 10 y otras 10 tablillas iguales a las anteriores en las que se han dibujado cantidades de círculos de varios colores desde 1 hasta 10 (en las que van del 1 al 5 todos los círculos de cada una de ellas son del mismo color; las del 6 al 10 los tienen variados, observándose en estas últimas una descomposición del número representado en círculos de colores, que respeta los de los cinco primeros números). Para completar el material, encontramos 55 anillas de madera cuyos colores (rojo, azul, amarillo, verde y naranja) y cantidades de cada uno de ellos que coinciden con los que aparecen en los círculos de las tablillas anteriores.

El trabajo con este material presenta dos niveles de dificultad:

1. <u>Nivel de iniciación</u>: Se trata de que el alumnado coloque la cantidad correcta de anillas en cada columna, teniendo como referencia las tablillas de círculos y/o las grafías, que están dispuestas ocupando cada una su lugar correspondiente de acuerdo a la altura de las columnas (no es necesario que respeten en las anillas los colores que aparecen en los círculos de las tablillas). Resulta fácil esta actividad ya que en cada columna solo caben las anillas asociadas a su número y no necesita demasiada psicomotricidad fina. Para evitar que realice un trabajo mecánico que no le ayude a conocer los números realmente, se refuerza su actividad comentando con el/ella qué ha hecho, cuantas anillas ha puesto, cómo se escribe el número que ha formado,... También podemos pedirle que coja en la mano la cantidad de anillas que va a poner en una columna y que las cuente antes de hacerlo.

2. <u>Nivel de comprobación</u>: Para comprobar si vamos obteniendo los objetivos previstos, podemos ofrecerles el material con la cantidad de anillas correcta colocada en cada columna y pedirle que sitúe las tablillas de círculos y/o las grafías en sus lugares correspondientes. Por último, realizar actividades en las que la disposición de las tablillas sea incorrecta (no se corresponden las de los círculos con las de grafías y/o porque no se sitúan en su columna correspondiente) y, al pedirles que coloquen en las columnas las anillas que se asocien a cada tablilla, con esto se puede comprobar si realmente conocen los números y los asignan correctamente a las cantidades y a las grafías que les corresponden.

Durante la realización de las diferentes actividades insistimos en la comparación de las cantidades de anillas que corresponden a cada número, para concluir en cuál hay más o menos y, por tanto, que número es mayor o menor, ordenando así los números del 1 al 10.

<u>Herramienta 2:</u> Regleta Cuisenaire

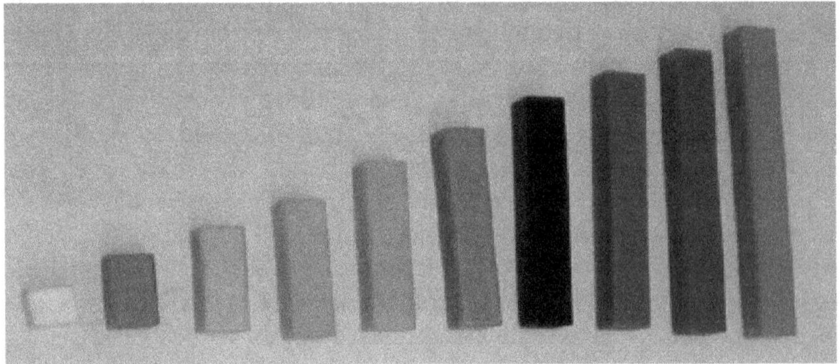

Regletas Cuisenaire ordenadas del 1 al 10 (fabricadas por Lado).

Fuente: *Los números naturales en el aula de primaria* de M. Alcalde, I. Pérez y Gil Lorenzo Valentini. (UJI Departamento de educación)

Las regletas Cuisenaire son un material matemático que consta de un conjunto de regletas de madera o plástico (prismas cuadrangulares) de 1 cm² de sección, de diez longitudes que van de 1 a 10 cm y de 10 colores diferentes asociados cada uno a una determinada longitud. Cada regleta representa un número determinado (rojo para la regleta del 2; verde claro para la del 3; rosa para el 4; amarillo para el 5; verde oscuro para el 6; negro para el 7; marrón para la del 8; azul oscuro para la del 9 y naranja para el 10).

Con este material didáctico los objetivos son: que aprendan a completar la serie numérica del 1 al 10 de manera ascendente y descendente, así como trabajar manipulativamente las relaciones de "mayor que", "menor que" los números basándose en la comparación de longitudes.

Teniendo en cuenta los objetivos, empezamos asignando a cada regleta su valor comparándola con la regleta unidad y componiéndola a partir de ella. De esta manera los niños/-as pueden comprobar cómo cada nuevo número surge añadiendo un objeto a la cantidad correspondiente al número anterior a él. Después, se puede insistir en la asociación del color de cada regleta con el número que representa. Es importante que entiendan que la regleta verde oscuro, por ejemplo, representa el 6 porque para completarla hacen falta 6 regletas unidad.

Por medio de la comparación de sus longitudes podemos ordenar las diferentes regletas y, a partir de esto, comparar y ordenar los números del 1 al 10. Así mismo, se puede trabajar la composición y descomposición de los primeros números componiendo y descomponiendo unas regletas a partir de otras.

No es aconsejable el uso de las regletas Cuisenaire para introducir los primeros números debido a que es un material continuo, sino que debe utilizarse después de haberlos iniciado con otros materiales más adecuados.

Otra forma de trabajar este material es con su versión digital. Existen diferentes versiones de la Regleta Cuisenaire online, entre otras: Números de colores. Es una aplicación educativa y muy útil para trabajar en la Pizarra Digital Interactiva (PDI).que consta de; guía didáctica, manual de ayuda, fichas imprimibles y juegos. Está orientada a **educación Infantil** y **primer ciclo de primaria** y pretende dar respuesta educativa a la **diversidad** de alumnado en el aula.

Ejemplo de las Regletas Cuisenaire. Online. Autores:. Gil Gijón Canal, David Cantos Vila, Maximina Fernández Orviz. Fuente: http://www.regletasdigitales.com/

Herramienta 3: Linea numérica. Método ABN

Es de los materiales más sencillos y más clásicos. Posiblemente, en una forma o en otra, fuera el primer material de matemáticas que apareciera en las aulas. El hecho de que la recta numérica se pueda emplear también como unidad de medida aumenta su polivalencia.

Es muy sencilla de construir. Interesa que cada niño/-a tenga la suya, y que, además, haya una general para toda la clase, que debería estar a la vista y al alcance de todos.

La recta numérica nos sirve para: contar progresiva y regresivamente, contar salteado, cálculo mental, iniciación a las operaciones básicas, etc. De forma individual, recorriéndola con los dedos o situándola en el suelo, esta posibilita ejercicios para los alumnos que se ocupan de iniciar, perfeccionar o corregir el aprendizaje de la numeración.

Situada en el suelo , los niños/-as la observan, la recorren, dan saltos sobre ella, se familiarizan. Enseguida identifican lo que hacen con la esencia formal de la recta. Si dan un paso adelantan un número, si dan dos pasos adelantan dos . Si van hacia delante los números crecen, y si van hacia atrás decrecen. Si me sitúo en cualquier número y doy un paso adelante, avanzo un número, con independencia del número del que haya partido. Si ponemos dos rectas juntas y camina sobre cada una de ellas un niño/-a, se iniciaran en el sentido de la diferencia. Ambos parten del número tres. Uno de un paso y el otro dos. Quedan detenidos en el número al que ha llegado. ¿Están en el mismo sitio?, ¿Qué diferencia existe entre la posición de los dos?.

Herramienta 4: ARAWORD

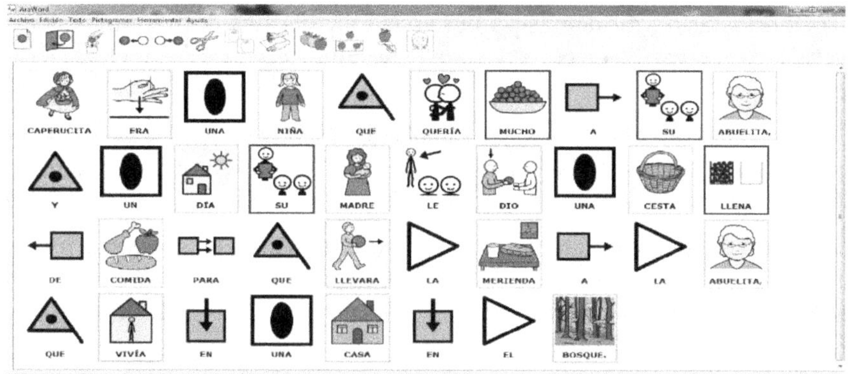

Procesador de texto ARAWORD (desarrollado por el ingeniero Joaquín Pérez Marco).

Es una aplicación informática de software libre enmarcada dentro de la suite de herramientas para la comunicación aumentativa y alternativa Ara-Suite (http://sourceforge.net/projects/arasuite/), que consiste en un procesador de textos que permite la escritura simultánea de texto y pictogramas, facilitando la elaboración de materiales y adaptación de textos para las personas que presentan dificultades en el ámbito de la comunicación funcional. Destacar que es gratuita, y que existe en versión multiplataforma (Windows, Apple y Linux).

AraWord es una herramienta imprescindible para la creación de historias sociales, anticipación, creación de secuencias temporales, agendas,..., y un sin número de diferentes usos destinados a mejorar y facilitar la comunicación de niños con autismo.

Es una aplicación muy fácil de usar. Todos los pictogramas que vienen por defecto son los pictogramas de ARASAAC (Portal **Aragonés** de la Comunicación Aumentativa y Alternativa, que ofrece recursos gráficos y materiales para facilitar la comunicación de aquellas personas con algún tipo de dificultad), pero se puede añadir nuevos pictogramas a nuestro gusto. Incluso disponer de diversas opciones para la misma definición. El manual de AraWord es muy sencillo y bien explicado.

Con esta herramienta el docente puede realizar actividades más visuales, para así favorecer la realización de pruebas por parte del alumnado, teniendo presente su estilo de aprendizaje visual, así como, autoexplicativas, para que el alumnado tenga la mayor autonomía posible.

Resultados

El uso de estas herramientas proporciona mayor grado de autonomía e integración en el grupo de clase, ya que le permite acceder a los mismos contenidos que sus compañeros.

Por otra parte, el adaptar las actividades de una forma más visual, clara y estructurada, el alumno/-a realiza gran parte de las tareas con éxito, mejorando así su motivación.

En el caso del docente también se produce una disminución de su frustración y de sus ideas preconcebidas hacia el alumno/-a, al descubrir que éste es capaz de realizar la tarea si se realiza las adaptaciones de los materiales y las actividades adecuadas.

Los resultados a las herramientas propuestas, a día de hoy, están siendo positivos ya que responden a las demandas, tanto del maestro/profesor como del alumno/-a. Con todo ello, hemos de considerar que la investigación de dicho trastorno avanza cada año y las posibles herramientas que utilizaremos como docentes pueden evolucionar a medida que se conozcan más las características del Trastorno del Espectro Autista.

Sin embargo, hay que hacer hincapié en algunos puntos como: Por un lado la preparación, el esfuerzo y las horas de trabajo del docente para realizar las adaptaciones, por otro la coordinación continua por parte del tutor del aula, los maestros/-as de apoyo, *maestro/-a* de Pedagogía Terapéutica (PT), maestro/-a especialista en Audición y Lenguaje (AL) y la familia para que el alumno se familiarice con el material y las actividades, y a su vez realice el trabajo de la forma más autónoma posible.

Además es necesaria una evaluación inicial del alumno, en la que deben intervenir los equipos de orientación del centro, para establecer las características y las necesidades específicas del mismo, y así poder realizar las adaptaciones.

Discusión y conclusiones

Es interesante que el docente sea el guía que acompaña a los niños/-as en la construcción de los conceptos matemáticos, siendo su misión la de alternar el papel de receptor y de emisor. Así se le da la oportunidad de participar en su propio aprendizaje entendiendo las cosas de forma más clara y efectiva.

Referencias bibliográficas

Aguirre,P., Álvarez, R., Angulo, M.C. y Prieto, I. (2009). Manual de atención al alumnado con necesidades específicas de apoyo educativo derivadas de trastornos generales del desarrollo. Junta de Andalucía: Consejería de Educación.

Pérez Serrano, Inmaculada., Alcalde Esteban, Manuel, Lorenzo Valentín, G. (2017). *La construcción del pensamiento matemático en la educación infantil*. UJI Dpto de Educación. Castellón de la Plana: Publicaciones de la Universidad Jaume I .

Alcalde Esteban, Manuel, Pérez Serrano, Inmaculada., Lorenzo Valentín, G. (2014). *Los números naturales en el aula de primaria*. UJI Dpto de Educación. Castellón de la Plana: Publicaciones de la Universidad Jaume I .

Red Cenit (2016). *6 estrategias efectivas para enseñar matemáticas a niños con autismo. Recuperado de: https://www.redcenit.com/6-estrategias-efectivas-para-ensenar-matematicas-a-ninos-con-autismo/ [Septiembre 2016]*.

ABN (2015). Recta numérica. Recuperado de: http://matematicasabn.blogspot.com.es/2015/01/la-recta-numerica.html [Octubre 2016].

Números de colores (2006). *Regletas de Cuisenaire. Versión digital.* Recuperado de: http://www.regletasdigitales.com/regletas.swf [Febrero 2017].

Susana García Guillén, Daniel Garrote Rojas, Sara Jiménez Fernández (2016). Uso de las TIC en el Trastorno de Espectro Autista: aplicaciones. Edmetic, X(X), 2016, E-ISSN: 2254-0059; pp. 134-157.

AraSuite (2014). *AraWord.* Recuperado de: https://sourceforge.net/projects/arasuite/ [Marzo 2017].

Rosique Guillén, Sonia (Febrero 2017). Materiales educativos y actividades para alumnos con TEA en el primer tramo de educación primaria en el área de matemáticas. PublicacionesDidacticas Nº79, 227-250.

CAPÍTULO IV

STEP. SIMULANDO MUNDOS VIRTUALES

Aitor Alfonso Castelló

Universitat Jaume I Castelló

Resumen

La educación en el siglo XXI afecta a todos los niveles y ramas del conocimiento, por tanto en el mundo dinámico y complejo en que vivimos, es importante generar en los alumnos destrezas en el manejo de tecnologías y la capacidad de aplicar los conocimientos adquiridos a la resolución de problemas de la vida real.

Los dispositivos digitales móviles son parte integrada en nuestra sociedad, esta convivencia diaria con ellos hace que se plantee la necesidad de su integración como recurso didáctico en el aula. La metodología de este proyecto de uso de software, es de carácter práctico. En el presente escrito se presenta el software libre App Inventor, se justifica su uso como recurso didáctico y se presenta varios ejemplos de utilización dentro del aula integrado dentro de la asignatura de matemáticas en secundaria. Este proyecto da conocer el uso del software y su aplicación como recurso didáctico utilizando el móvil como recurso educativo para el aprendizaje de conceptos matemáticos.

Palabras claves: Tecnologías de la Información y la Comunicación (TICs), proceso de aprendizaje, aplicaciones informáticas, recurso educativo, Step, simulador de físicas, KDE Education, software libre.

Introducción

La importancia de las nuevas Tecnologías de la Información y la Comunicación (TICs) en el ámbito de la educación.

En el sistema de educación actual, uno de los retos más importantes que los docentes han de afrontar es el modo en que pueden incorporar y usar las nuevas Tecnologías de la Información y la Comunicación (TICs) para proporcionar los mecanismos y conocimientos necesarios a los estudiantes de las destrezas y mecanismos necesarios para este proceso.

"El uso e integración de los ordenadores en los sistemas escolares es un proceso complejo, sometido a muchas tensiones y presiones procedentes

de múltiples instancias (de naturaleza política, empresarial, social, pedagógica) de forma que los problemas y métodos de investigación han ido evolucionando desde la preocupación de los aprendizajes individuales con ordenadores en situaciones de aprendizaje concretas empleando metodologías experimentales, hacia estudios de corte más longitudinal y con técnicas cualitativas destinadas al estudio de casos en contexto reales de enseñanza". (Area, 2010)

"La meta de la educación en el siglo XXI no es simplemente el conocimiento, aunque sea vital que los discentes tomen conciencia de que pueden desarrollar conocimiento en red, sino que, además, la meta de la educación en este siglo es el dominio del aprendizaje: que los discentes aprendan a aprender" (Area, 2011). Las TIC juegan, crecientemente, un papel determinante en los procesos de aprendizaje. La educación podría ayudar a transformar aprendices noveles en aprendices expertos. Dominar la competencia digital es una exigencia de los sistemas educativos contemporáneos. Los nuevos medios dominan la cultura, el trabajo, la comunicación y el entretenimiento.

Los docentes comprometidos con la inclusión persiguen que todos los alumnos tengan metas de aprendizaje alcanzables y, también, que la planificación y la evaluación educativa vayan más allá de lo académico, para centrarse en las relaciones interpersonales, el bienestar emocional, la inclusión social y otras dimensiones de la calidad de vida del alumnado (Verdugo y Rodríguez, 2012).

Según, Antonio Bartolomé y Alba (1997), *"la Tecnología de la Educación encuentra su papel como una especialización dentro del ámbito de la Didáctica y de otras ciencias aplicadas de la Educación, refiriéndose específicamente al diseño, desarrollo y aplicación de recursos en procesos educativos, no únicamente en los procesos instructivos, sino también en aspectos relacionados con la Educación Social y otros campos educativos. Estos recursos se refieren, en general, especialmente a los recursos de carácter informático, audiovisual, tecnológicos, del tratamiento de la información y los que facilitan la comunicación".*

Además *"Las TIC juegan, crecientemente, un papel determinante en los procesos de aprendizaje. La educación podría ayudar a transformar aprendices noveles en aprendices expertos. Dominar la competencia digital es una exigencia de los sistemas educativos contemporáneos."* Tal como afirman Cerrillo, Moreno y Labra (2014).

Debemos de tener en cuenta el uso generalizado del ordenador entre los alumnos, si observamos la siguiente gráfica y tabla sobre el Equipamiento y Uso de Tecnologías de Información y Comunicación en los Hogares (INE 2016)

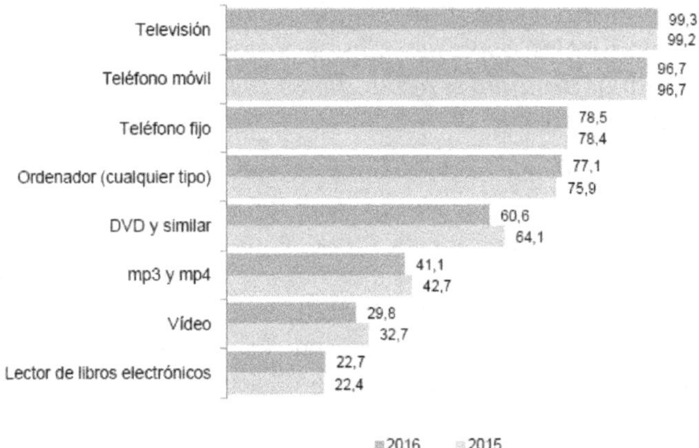

Fig. 1. INE 2016

Se observa que el 77 % de los hogares posee ordenador. Por lo que es lógico considerar que el alumnado está familiarizado con esta tecnología. Por tanto cabe pensar que su inclusión pedagógica en el aula es beneficiosa.

Porcentaje de menores usuarios de TIC por sexo y edad
Año 2016

	Uso de ordenador	Uso de Internet	Disposición de móvil
Total	94,9	95,2	69,8
Sexo			
Hombres	95,6	95,7	68,8
Mujeres	94,2	94,7	70,9
Edad			
10	92,6	90,6	25,4
11	92,6	93,1	50,9
12	94,8	95,9	72,7
13	96,7	95,4	86,0
14	95,7	98,2	90,1
15	97,1	98,0	93,9

Fig. 2. INE 2016

Los alumnos de 14-15 años, aproximadamente el 95% hacen uso del ordenador, por tanto es lógico considerar su integración como medio educativo. Esta edad correspondería a los alumnos de 3º de Educación Secundaria

Obligatoria, que es nivel en el cual son enfocados los ejemplos de mundos virtuales con el Step. Aunque

Objetivos Generales

Step, simulando mundos virtuales para la enseñanza de la Física.

Step (https://edu.kde.org/step/) es un software libre funcional en dos dimensiones bajo motores físicos incluidos en el escritorio Plasma de la Comunidad KDE (https://es.wikipedia.org/wiki/KDE), siendo parte del proyecto KDE Education (https://es.wikipedia.org/wiki/Kdeedu). La aplicación fue creado por Vladimir Kuznetsov y liberado en febrero de 2007, y está en los repositorios de la mayoría de distribuciones GNU/Linux.

El hecho de que sea Software Libre lo convierte en ideal para el mundo educativo por muchas razones, aunque la principal es la libertad utilizarlo sin ningún tipo de restricción (copiar la aplicación y compartirla) como la posibilidad de que sea mejorada por cualquier desarrollador.

Step permite la creación de mundo virtuales bidimensionales donde se le pueden añadir "cuerpos" (desde puntuales a poligonales con sus características propiedades de masa, velocidad, carga eléctrica, etc.) y fuerzas físicas básicas tanto directamente al cuerpo o al mundo en general (gravedad o Fuerzas de Columb).

Además, dispone de elementos visuales como controladores lineales, medidores, campos de texto, trazador de trayectorias o gráficas en tiempo real tanto para parametrizar el mundo como para hacerlo más visual.

Posteriormente, se pone en funcionamiento este mundo y se puede observar el movimiento de cada uno de sus cuerpos así como registrar todas y cada una de las variables.

Los mundos creados por Step pueden ser simples o complicados y pueden ser exportados y compartidos sin problemas con otros profesores o profesoras, e incluso con el alumnado para que "juegue" con él. (Ver Fig. 3)

Fig.3. Interfaz de Step en Ubuntu

La curva de aprendizaje de la aplicación es suave y en pocos minutos se controlan todos los elementos que nos ofrece, aunque la creación de un mundo que se adapte a nuestras necesidades puede llevarnos más tiempo del que tengamos previsto.

Por otra parte, las infinitas posibilidades de estos entornos virtuales hacen que Step pueda simular escenarios físicos relacionados con:

- Cinemática

- Dinámica

- Choques

- Movimientos de rotación

- Fuerzas electrostáticas

- Fluidos

- Movimientos oscilatorios

- Deformaciones en cuerpos blandos

Método

Contextualización de Step en el ámbito de la educación secundaria y superior.

<u>Alumnado al que va dirigido.</u>

Tal como se ha comentado anteriormente, la utilización de esta herramienta está enfocada al alumnado a partir de tercer curso de secundaria por las siguientes razones:

- Muestra de forma visual y dinámica conceptos físicos que en muchas ocasiones se les escapa a los alumnos.

- Simplifica el complicado mundo real, permitiendo la creación de uno propio mucho más sencillo.

En muchas ocasiones al alumnado le es difícil abstraerse lo suficiente del mundo real para comprender las leyes básicas de la física.

- Facilita la visualización de gráficas en tiempo real de los parámetros de los sistemas físicos.

La realización de gráficas en el ámbito educativo siempre es complicada.

- Si se muestra directamente pierde su sentido de «herramienta creada para el estudio de la naturaleza»

- Si se realiza «en directo» se invierte un tiempo precioso.

Gracias a Step, la realización de gráficas es automática y en tiempo real, haciendo que el alumnado vea tanto su realización como sus implicaciones.

- Permite que el alumnado proponga variables tanto de elementos del mundo como de los parámetros los objetos que «habitan» en él.

Una vez creado el mundo virtual, la curiosidad se suele adueñar del alumnado y propone cambios en el mismo para contestar la primigenia pregunta « ¿Qué pasa si...? »

Es el momento de hacer partícipe al alumnado y que cambien las variables del entorno y los cuerpos presentes en el simulador. Además, debido a la precisión que proporciona la aplicación, permite que sean cuidadosos a la hora de asignar valores a los parámetros del mundo simulado.

- Ayuda a la resolución de ejercicios mediante la recreación de los mismos, con la posibilidad de autocorregirse e intercambiar los mundos entre ellos.

Por otra parte, las características visuales de Step, es especialmente aconsejable para alumnos que necesiten de adaptaciones curriculares específicas para el desarrollo de la materia. Si se considera necesario, se pueden a algún alumno una pareja/tutor con el fin de guiar correctamente y avanzar en el desarrollo de la recreación del mundo físico deseado.

Espacio para realizar el proyecto.

Step es una aplicación libre que funciona a la perfección en distribuciones GN/Linux. No necesita de ordenadores con mucha potencia y su uso se puede dividir en dos modos:

- Modo demostración por parte del profesorado utilizando un proyector.

Se trata de explicar un tema o parte del mismo mediante la creación de un mundo virtual en directo o con uno ya creado anteriormente.

La primera opción lleva más tiempo pero permite que el alumnado entienda el funcionamiento de la aplicación, al tiempo que va entendiendo los conceptos físicos y los parámetros de las variables para que el mundo funcione tal y como se desea.

Es la recomendada para presentar Step al alumnado.

- Modo creación de mundos por parte del alumnado.

Para este modo es aconsejable presentarles un problema de física y que los alumnos y alumnas lo simulen en los ordenadores de la sala de informática o en sus portátiles (si es el caso).

En este modo es interesante empezar primero con un problema común y que los alumnos creen el mundo de forma colaborativa y, a continuación, asignar a cada uno de ellos un problema diferente.

En ambos casos no es necesaria una conexión a internet.

Podemos encontrar información sobre Step en la dirección:

https://edu.kde.org/step/

Ver Fig .4.

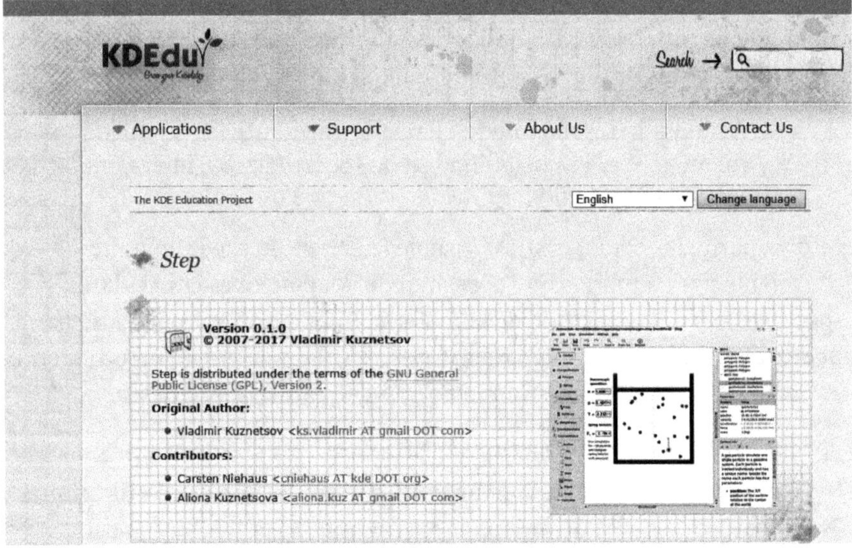

Fig.4. Página Step en KDE

No obstante, es mejor utilizar los repositorios oficiales de cada distribución GNU/Linux para instalarse la aplicación.

Resultados.

Creación de un mundo virtual mediante Step.

Antes de empezar

Los mundos virtuales de Step se crean en un entorno de trabajo que tiene una barra de tareas de control y 3 columnas muy diferenciadas:

- Columna izquierda: elementos posibles del mundo virtual.

- Zona central: El propio mundo virtual.

- Columna derecha: compuesta de diversos paneles informativos.

La barra de tareas

Contiene las acciones básicas para trabajar con los mundos virtuales: crear uno nuevo, guardarlo o abrir uno creado.

 Además nos permite hacer o deshacer acciones o cortar, copiar y pegar elementos. Ver Fig. 5

Fig.5. Barra de tareas en Step

Los últimos elementos de esta barra son los botones de ampliación y reducción del campo visual y el botón de puesta en marcha del parámetro tiempo del mundo [simulate].

La Columna izquierda

En esta columna nos encontramos con elementos físicos como:

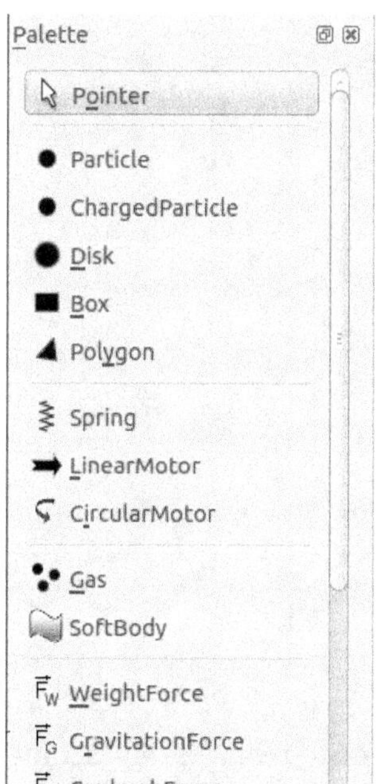

Fig. 6. Columna Izda en Step

- Partícula sin dimensiones.
- Partícula cargada sin dimensiones.
- Disco
- Caja
- Polígono
- Muelle
- Fuerza lineal
- Par de fuerzas
- Fuerza peso
- Fuerza gravitacional
- Fuerza de Coulomb
- Ancla
- Chincheta
- Palo
- Herramienta de texto
- Medidor
- Trazador de trayectorias
- Gráficas
- Controlador de parámetros

Son los elementos con los que podemos trabajar en el mundo simulado, tanto cuerpos como las fuerzas aplicadas a esos cuerpos, así como todos los controladores de medidas de los parámetros de esos cuerpos. Ver Fig. 6.

<u>La Columna derecha</u>

En esta columna central nos encontramos con los paneles informativos. Ver Fig. 5.

Se explican de arriba a abajo:

- Mundo: nos muestra la información básica del mundo que estamos creando, como las herramientas de cálculo que vamos a emplear y el listado de todos los elementos de nuestro mundo.

- Propiedades: nos muestra todas las propiedades de los elementos del mundo seleccionado. Evidentemente, éstas cambian según el elemento.

- Información contextual: nos proporciona información extra de cada elemento. Por ejemplo, si se selecciona una partícula nos indica cuáles son los parámetros básicos.

- Historial de deshacer: para que sea más sencillo modificar nuestro mundo virtual.

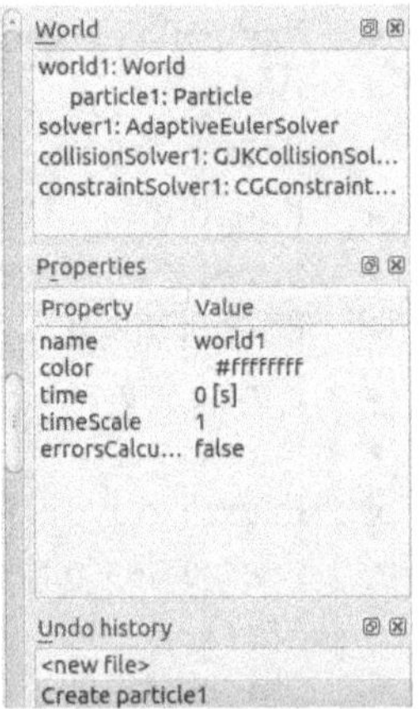

Fig. 7. Columna derecha en Step

<u>Creando un mundo con Step</u>

El objetivo de la realización de un mundo virtual en Step consiste en asentar los conocimientos sobre el mundo físico para cualquier estudiante de física.

El alumno, una vez iniciado en la utilización de Step debería ser capaz de recrear cualquier situación del mundo físico y observar/calcular su evolución.

Vamos a crear un ejemplo mediante esta herramienta con el alumnado

<u>Estudio de MRU y MRUA</u>

Se presenta a continuación la creación del proyecto de Estudio de MRU y MRUA para explicar los dos tipos de movimientos rectilíneos que existen en la naturaleza.

Uno de los aspectos más complicados al explicar en el aula el MRU y el MRUA es el estudio de las gráficas que se obtienen de ellos. Mediante Step este aspecto queda rápidamente solucionado ya que el alumnado puede ver en directo como se obtienen dichas gráfica y estudiar la información que nos proporcionan.

Objetivos: Comprender las gráficas que se obtienen al estudiar el movimiento rectilíneo uniforme y acelerado.

Conceptos: Posición, velocidad, aceleración, función lineal, función cuadrática.

Metodología: Se construirá el mundo virtual en vivo utilizando un ordenador y un proyector. El alumnado verá en directo la recreación de un escenario en el que se muestre el movimiento rectilíneo uniforme de una partícula y el movimiento rectilíneo uniformemente acelerado, con sus respectivas gráficas y el valor de variables como posición, velocidad y aceleración, las cuales podrán ser modificables para realizar otra simulación.

Se pedirá a los alumnos que modifiquen los parámetros y que predigan como cambiarán las gráficas.

Evaluación: Se pondrá en marcha la simulación y deberemos obtener las gráficas de MRU y MRUA según los parámetros que hayamos introducido.

<u>Diseño del mundo virtual:</u>

El mundo virtual que vamos a crear tendrá un aspecto similar al siguiente:

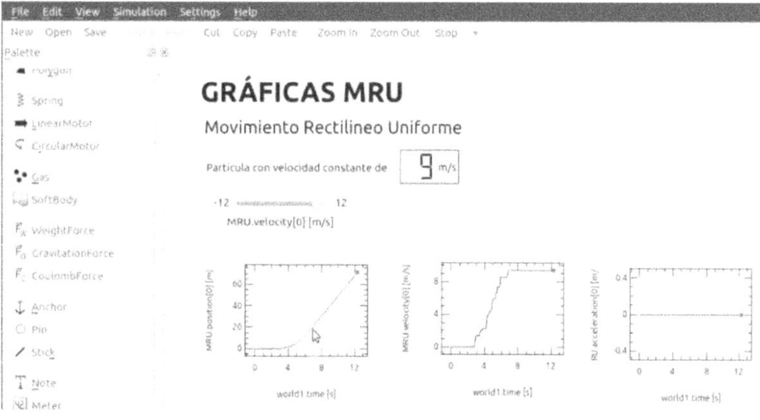

Fig. 8. Partícula con MRU en Step

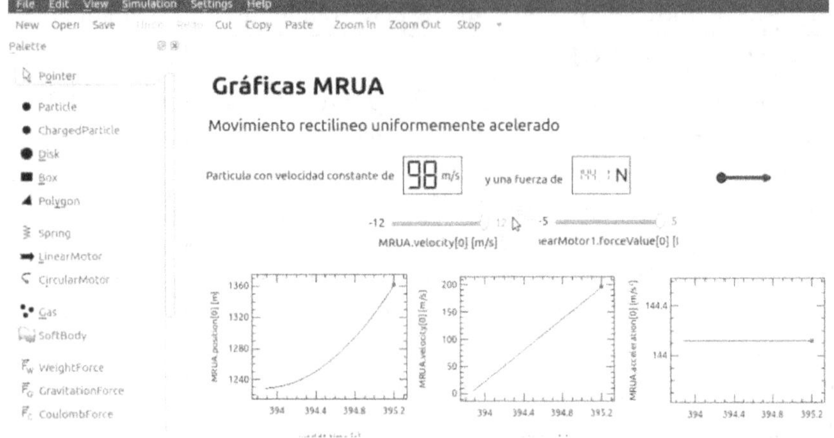

Fig. 9. Partícula con MRUA en Step

Para ellos seguimos los siguientes pasos:

- Pinchamos sobre Note, lo añadimos al mundo y escribimos el título del mundo. "Gráfica MRU y MRUA"

- Repetimos la operación para añadir la nota para la sección "Movimiento rectilíneo uniforme y la de "Partícula con velocidad constante"

- Pinchamos sobre la partícula sin masa y la añadimos al mundo.

- Ahora ponemos un "Meter" que nos muestre el valor de la velocidad de la partícula. Este elemento necesita de una configuración extra.

- Pinchamos con el botón derecho y accedemos a la ventana de configuración.

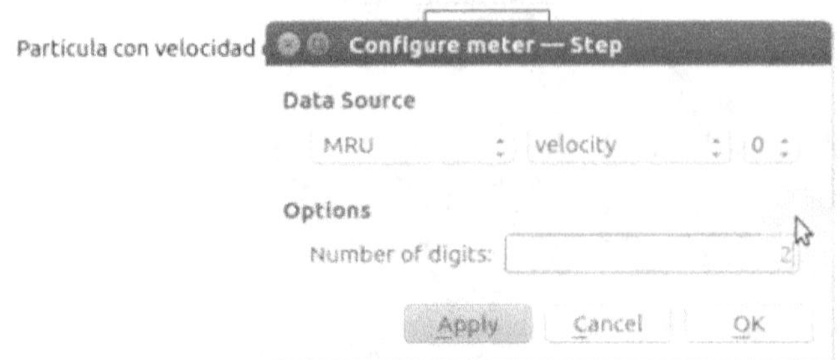

- Indicamos que el Meter hace referencia a la velocidad de la partícula 1. El 0 del menú despegable indica que es la velocidad del eje de las x, el 1 de las y. Ponemos un par de dígitos de precisión.

- A continuación introducimos un "Controler" para poder variar de forma gráfica el valor de la velocidad. De nuevo debemos hacer una configuración extra.

- Pulsamos botón de derecho sobre el controlador, seleccionamos "Configura" y adaptamos el controlador a nuestras necesidades.

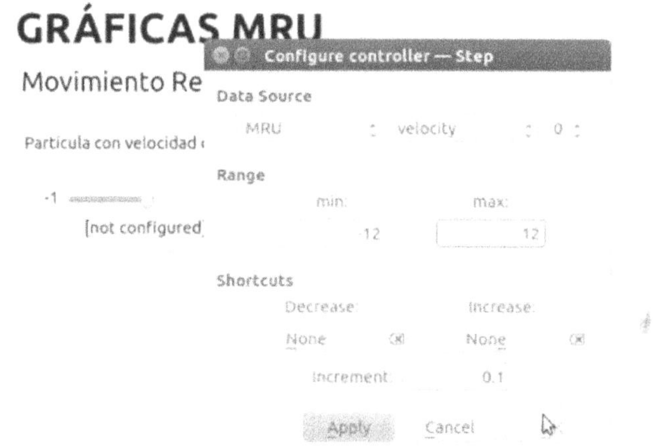

- En nuestro caso adaptamos la velocidad del eje x a la partícula 1, con un mínimo de -10 m/s a un máximo de 10 m/s con un incremento de 1m/s si utilizamos atajos de teclado.

- Ahora es el momento de poner las gráficas. Pinchamos sobre una y la ponemos en el mundo virtual. La configuramos con los siguiente parámetros:

- Eje x – Tiempo del mundo virtual creado (world 1)
- Eje y – Posición x de la partícula 1
- Aplicamos.

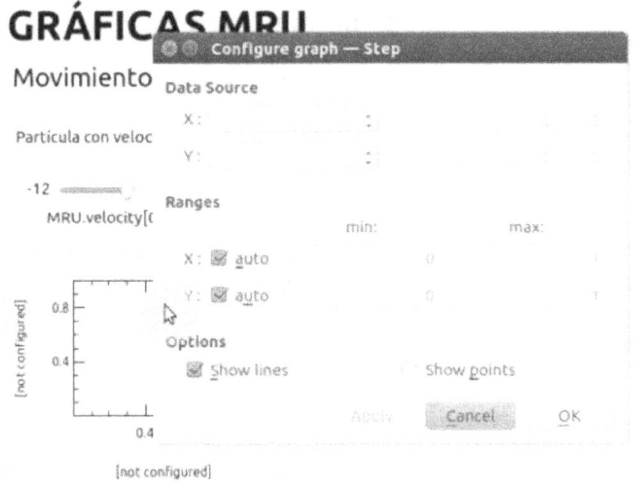

- Repetimos la operación con las gráficas de velocidad – tiempo y aceleración tiempo.

- Con esto ya tenemos la parte de MRU.

- Empezamos poniendo una Note para la sección "Movimiento rectilíneo uniformemente acelerado" y un par más para "Partícula con velocidad" y "y una fuerza aplicada de"

- Pinchamos sobre la partícula sin masa y la añadimos al mundo. Será la partícula 2.

- Pinchamos sobre "LinearMotor" para añadir la fuerza y lo colocamos justo encima de la partícula 2.

- Ponemos los "Meter" de la velocidad de la partícula y la fuerza aplicada en los huecos correspondientes. Como antes, debemos añadir parámetros extras aplicados a la partícula 2 y a la Fuerza 1.

- A continuación introducimos un "Controler" para poder variar de forma gráfica el valor de la velocidad y otro para variar la fuerza.

- Solo queda poner las gráficas para la partícula 2, tal y como hemos hecho en el MRU.

Por último se ejecuta la simulación, es decir, ponemos el tiempo en marcha. En ese momento nuestro mundo muestra las gráficas de la partícula con los dos movimientos, el MRU y el MRUA.

Discusión y conclusiones.

La valoración del proyecto por parte de los alumnos se realizó mediante un formulario de preguntas donde se pudo analizar los aspectos positivos y negativos de la herramienta.

En el formulario se plantearon las siguientes cuestiones:

Operativa y utilidad del Step

- ¿Te parece sencilla la interfaz del programa?

- ¿Utilizarías el Step para otra asignatura?

Conceptos físicos consolidados mediante el Step

- ¿Piensas que el comportamiento de una partícula con movimiento rectilíneo uniforme ha quedado más claro?

- ¿Piensas que el comportamiento de una partícula con movimiento rectilíneo uniformemente acelerado ha quedado más claro?

- ¿Serias capaz explicar las gráficas de un movimiento rectilíneo uniforme?

- ¿Serias capaz explicar las gráficas de un movimiento rectilíneo uniformemente acelerado?

- ¿Ves más aplicaciones dentro de la asignatura de física donde puedas utilizar el Step? ¿qué otras aplicaciones?

Los resultados obtenidos son recopilados, presentados y analizados a continuación.

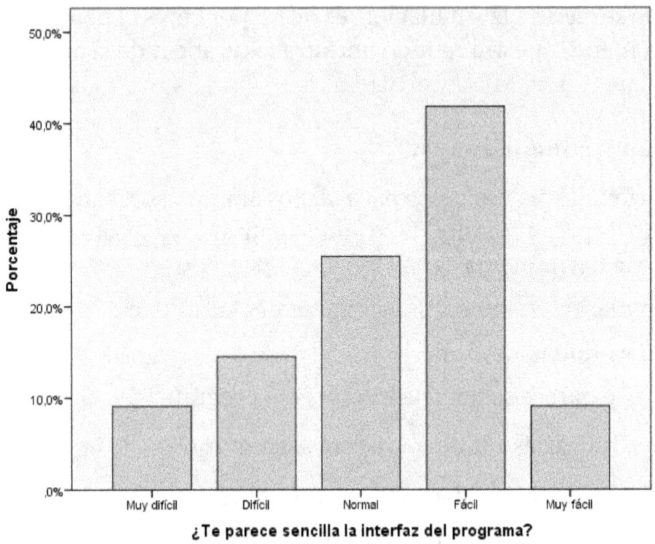

Fig.10. Fuente Elaboración propia

En esta primera gráfica (Fig.10.) se observa como el interfaz de la aplicación ha sido claramente sencilla para la mayoría del alumnado. La mayoría de los encuestados les ha parecido o fácil o normal esta interfaz, con lo que podemos suponer que su uso no es complicado. Es una interfaz basada en objetos y con el método *drag and drop,* es decir, pinchar en el objeto deseado, arrastrarlo a la parte central del mundo donde se diseñará este y soltarlo.

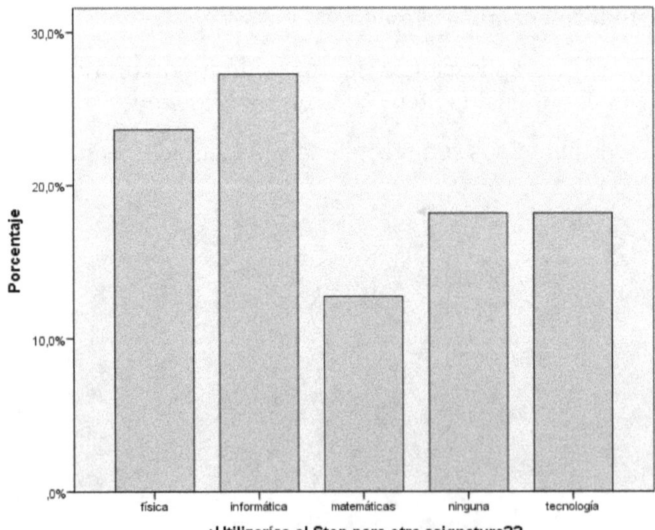

Fig.11.Fuente Elaboración propia

Observamos ahora los resultados Fig.11 a la pregunta de qué en que otra asignatura utilizarían este software. El porcentaje más alto de respuestas es de nuevo en la asignatura de física, se supone en otras aplicaciones, y en la asignatura de informática. Hay una serie de alumnos que no ven ninguna asignatura donde pueda ser útil este software, parece ser que son aquellos que han tenido dificultades en la comprensión del software o en la comprensión de los conceptos explicados.

Una vez consultados por el software en concreto pasamos a las cuestiones donde comprobaremos si este software nos ha sido útil para afianzar los dos conceptos explicados, el movimiento rectilíneo uniforme y el movimiento rectilíneo uniformemente acelerado.

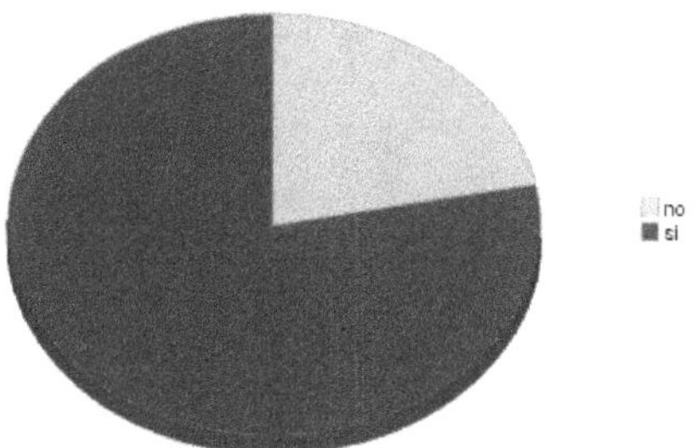

Fig.12.Fuente Elaboración propia

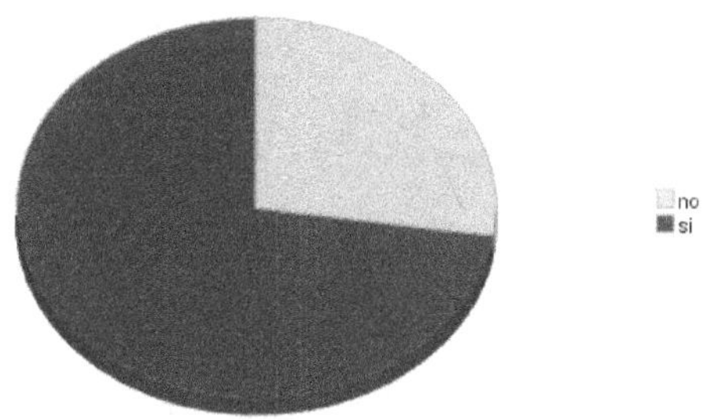

Fig.13.Fuente Elaboración propia

Tal como se observa en las gráficas, ver Fig. 12 y 13, los dos conceptos han quedado claros. El movimiento rectilíneo uniformemente acelerado parece que es un poco más complicado, pero debido la aplicación de la fuerza. Veamos ahora la comprensión de las gráficas de ambos movimientos. Uno de los objetivos de este proyecto es que el alumnado comprenda las gráficas de la velocidad de ambos movimientos, como el uniforme nos aparece una gráfica de la velocidad del tipo lineal y como en el movimiento acelerado la gráfica de la velocidad es del tipo parabólico. El software nos muestra ambas gráficas pero es trabajo del docente su explicación al alumnado para así su comprensión y consolidación.

Por último, preguntamos al alumnado por más aplicaciones dentro de la asignatura de física de esta herramienta. Sorprende que hay alumnado que ha realizado búsqueda en internet de más tutoriales para este software y reclama su puesta en práctica. Es el caso del movimiento pendular, los choques entre cuerpos y el comportamiento de moléculas de gases dentro de un recipiente. También hay alumnado que no ve ninguna utilidad más, es este el alumnado que le ha presentado más dificultad la comprensión de los conceptos y de la herramienta informática. Ver Fig. 14.

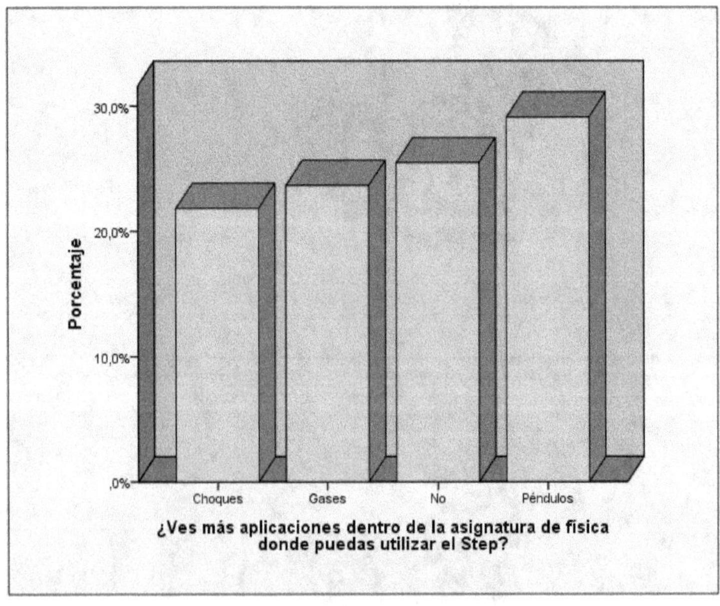

Fig.13.Fuente Elaboración propia

Podemos concluir entonces las siguientes características que han resultado positivas de la herramienta:

- Gratuidad de la herramienta

- Sencillez en la interfaz, muy intuitiva.

- Consolidación de conceptos matemáticos y físicos utilizando otra perspectiva.

- Gran capacidad para recrear cualquier situación del mundo físico y observar/calcular su evolución.

- Software de código libre, con lo que permite su libertad utilizarlo sin ningún tipo de restricción (copiar la aplicación y compartirla) como la posibilidad de que sea mejorada por cualquier desarrollador.

Hay que indicar que también encuentran aspectos negativos como:

- Falta de manejo en el sistema operativo bajo el que se utiliza la herramienta informática. El problema es que el alumnado no está todavía habituado al uso de sistemas operativos libres como Ubuntu, Fedora,…, están más habituados a Windows i IOs. Es necesario un trabajo por parte de los docentes y abordar el aprendizaje de estos sistemas operativos interdisciplinarmente desde todas las asignaturas que utilizan equipos informáticos.

- Falta de diferentes prácticas y manuales de mundos virtuales para distintas situaciones. Hay que indicar que esto se va subsanando gracias a la aportación de tutoriales en internet por diferentes usuarios. A medida que se utilice esta herramienta se dispondrá de más.

En base a los resultados obtenidos en el proyecto se puede determinar que la utilización del Step como herramienta docente es una fuente enriquecedora de nuevas experiencias de aprendizaje y que conlleva el aprendizaje y desarrollo personal de los usuarios en los conceptos físicos.

La innovación en las prácticas pedagógicas provoca una gran predisposición por parte del alumnado, dando a entender que es el momento de considerar alternativas de aprendizaje mediante tecnologías digitales como la que hemos presentado en este artículo.

Referencias bibliográficas

Area, M. (2011). Los efectos del modelo 1:1 en el cambio educativo en las escuelas. Evidencias y desafíos para las políticas iberoamericanas. Revista Iberoamericana de Educación, 56, 49-74.

Area, M. El proceso de integración y uso pedagógico de las TIC en los centros educativos. Un estudio de casos. Revista de Educación, 352. Mayo-Agosto 2010, pp. 77-97

Bautista, A. y Alba, C. (1997). "¿Qué es Tecnología Educativa? Autores y significados", Revista Píxel-bit, n° 9, 4.

Cobo Romaní, C.; Moravec, John W. (2011). Aprendizaje Invisible. Hacia una nueva ecología de la educación. Col-lecció Transmedia XXI.

Laboratori de Mitjans Interactius / Publicacions i Edicions de la Universitat de Barcelona. Barcelona.

Cerrillo R., Esteban Moreno, RM. y Paredes Labra J. TIC e inclusión en aulas de secundaria de la comunidad de Madrid: Análisis de las prácticas docentes en el modelo 1 a 1. Universidad Autónoma de Madrid VOL. 18, Nº 3 (sept.-diciembre 2014).

I.N.E. Encuesta sobre Equipamiento y Uso de Tecnologías de Información y Comunicación en los Hogares. Año 2016.
http://www.ine.es/prensa/np991.pdf

Mora, F. (2013). El mobile learning y algunos de sus beneficios. Revista CAES, 4(1), 47-67.

Moreno Navarro, A. Un análisis sobre el papel de las nuevas tecnologías en el campo de la educación del siglo XXI. II Congreso Internacional Virtual sobre La Educación en el Siglo XXI (marzo 2017)

Verdugo, M.A. y Rodríguez, A. (2012). La inclusión educativa en España desde la perspectiva de alumnos con discapacidad intelectual, de familias y de profesionales. Revista de Educación, 358, 450-470.

CAPÍTULO V

IMPLEMENTACIÓN DEL MODELO FLIPPED CLASSROOM PARA LA ENSEÑANZA DE MATEMÁTICAS EN EDUCACIÓN SECUNDARIA OBLIGATORIA

Dra. María del Carmen Romero García
Universidad Internacional de la Rioja, España

Alba Prat Llongarriu
FEDAC Salt, España

Resumen

El modelo Flipped Classroom (FC) consiste en dar un giro al proceso de aprendizaje. El alumno adquiere los conocimientos de forma previa a la clase, visualizando y estudiando vídeos proporcionados por el profesor, de esta forma, el tiempo en el aula se puede dedicar a trabajar los contenidos de forma cooperativa. En este trabajo se presentan los resultados de la implementación de una propuesta didáctica basada en el modelo FC para la enseñanza-aprendizaje del Álgebra en 2º curso de Educación Secundaria Obligatoria (ESO). Se ha analizado la percepción de 80 alumnos acerca del uso del modelo mediante un cuestionario con escalas tipo Likert y preguntas dicotómicas y de respuesta corta, en las que se les ha preguntado su opinión acerca del modelo, la visualización y trabajo de los vídeos, las actividades de clase y una reflexión acerca de su aprendizaje. Los resultados muestran que la mayoría de los alumnos visualizan y trabajan los vídeos y llegan preparados a clase para la realización de las actividades propuestas. Disponer de más tiempo para realizar actividades en clase mejora su aprendizaje. La valoración general del modelo muestra una clara aceptación de los alumnos hacia el mismo, de hecho, al preguntarles por aspectos a mejorar en los vídeos y actividades, proponen realizarlo más a menudo y en más asignaturas. Se puede considerar que la implementación del modelo FC genera un aumento de la motivación y participación del alumno, a la vez que le permite asumir la responsabilidad de su proceso de aprendizaje.

Palabras claves: Innovación pedagógica, Aprendizaje activo, Matemáticas, Educación Secundaria Obligatoria

Introducción

La enseñanza actual

En los sistemas tradicionales de enseñanza el profesor es el responsable de la transmisión de los conocimientos, que es unidireccional, de profesor a alumno, sin embargo, un verdadero aprendizaje se produce cuando el alumno se implica en el proceso de forma activa. Los cambios tan rápidos que se están produciendo en la sociedad provocan que gran parte de la información e incluso de las habilidades que aprenden los estudiantes, en poco tiempo pueden estar desfasados o dejen de ser válidos. No podemos seguir actuando del mismo modo, obviando esta evolución. Así, en la sociedad del conocimiento actual, el aprendizaje debe consistir en saber gestionar la información, saber plantearse nuevos problemas y nuevos modos de resolverlos, es decir, aprender a tomar decisiones sobre el propio trabajo. Una respuesta a esta problemática es cambiar el papel del profesor de transmisor de contenidos a un guía del proceso del aprendizaje de los alumnos, fundamentalmente, enseñando a que puedan aprender por sí mismos pasando de un modelo centrado en el profesor a un modelo cuyo protagonista es el alumno (Prensky, 2015). En un modelo de enseñanza personalizada centrada en el alumno, es éste el principal protagonista del proceso de aprendizaje, siendo el papel del profesor más importante que nunca, ya que debe guiar al alumno en su aprendizaje, mostrándole recursos y estrategias para superar obstáculos (Tourón, Santiago y Díez, 2014). Las clases magistrales pueden ser una manera eficaz de transmitir conocimientos, pero no de atender a la diversidad de estilos de aprendizaje del aula, pues suele ser frecuente que algunos alumnos tengan problemas para seguir las explicaciones posiblemente porque no tienen los conocimientos previos necesarios para poder comprender los conceptos expuestos, mientras que a otros el ritmo puede resultarles lento, repetitivo, monótono e incluso aburrido. Tras la exposición, para afianzar las explicaciones dadas, el profesor suele asignar tareas, ejercicios o problemas para resolver fuera del aula. Cuando el estudiante se enfrenta a su resolución se encuentra solo y sin ayuda. Entonces aparecen las dudas, sin una atención inmediata que le permita continuar con solvencia su trabajo. Surge la confusión e incluso la frustración que impide la asimilación de los conceptos (Goodwin y Miller, 2014).

El modelo Flipped Classroom o aula invertida

El modelo surgió de las manos de Johnatan Bergmann y Aaron Sams, dos profesores de la escuela Woodland Park High School de Colorado, quienes descubrieron un software que les permitía grabar sus clases, para subirlas a la red y que los alumnos que no podían asistir a clase pudieran seguir las clases. Sus clases fueron difundiéndose, y se consideró su modelo una gran inmovación. Los buenos resultados que obtuvieron sus alumnos al implementar este modelo incitaron a muchos más profesores a probarlo (Bergman & Sams, 2014).

El modelo FC consiste en dar un giro al proceso de aprendizaje actual, haciendo en casa lo que suele hacerse en el aula y haciendo en el aula lo que suele hacerse en casa, pero esta vez de forma cooperativa, aprovechando la presencia de todos los alumnos y del profesor (Figura 1). Se trata de centrar el proceso de enseñanza-aprendizaje en el alumno, protagonista de su aprendizaje, optimizando el tiempo en el aula para personalizar el aprendizaje y atender a la diversidad (Tourón y Santiago, 2015).

EN QUE CONSISTE UNA CLASE AL REVÉS

• Los estudiantes ven videos educativos en sus casa, a su propio ritmo y se comunican online con sus compañeros.
• El proceso de aprendizaje se consolida en el aula con la ayuda del profesor.

Figura 1. Esquema explicativo del modelo FC. (Tourón, Santiago y Díez, 2014, p. 42)

En casa, de forma previa a la clase, el alumno adquiere los conocimientos visualizando y trabajando vídeos proporcionados por el profesor, de esta forma se trabajan las habilidades cognitivas de orden inferior en la taxonomía de Bloom, recordar y comprender. El trabajo asociado a los vídeos puede ser realizar un resumen, esquema, mapa conceptual, lista de dudas o responder a un cuestionario. Al visualizar los vídeos en casa, el tiempo en el aula se puede dedicar a realizar actividades cooperativas en las que los alumnos ponen en prácticas los contenidos aprendidos en los vídeos para su asimilación, trabajando aquellas habilidades cognitivas de orden superior en la taxonomía de Bloom, aplicar, analizar, evaluar y crear, mejorando el proceso de aprendizaje que se convierte en significativo. De esta forma el profesor dispone de más tiempo para personalizar la enseñanza y atender de manera individualizada las dudas y obstáculos que tengan sus alumnos, centrarse en los alumnos que requieren de mayor ayuda (Straw, Quinlan, Harland y Walker, 2015).

El aprendizaje cooperativo es una metodología que se integra dentro del espacio de la clase cuando se implementa este modelo de enseñanza. Se basa en el trabajo en equipo para lograr unos determinados objetivos de los cuales son responsables todos los miembros del grupo. La clave es entender que el esfuerzo y la implicación individual contribuyen a la consecución de los objetivos y del éxito colectivo (Pujolàs, 2008). Además, el aprendizaje cooperativo permite al alumno desarrollar habilidades de trabajo en equipo y de relación con el resto de compañeros, así como flexibilidad, autonomía y autoestima, una actitud positiva hacia el aprendizaje y un mayor rendimiento académico (Prime, 2004).

La evolución del modelo pedagógico del aula invertida junto a los grandes avances de las tecnologías de información y comunicación (TIC) da muchas posibilidades al profesor para diseñar la parte de instrucción de contenidos fuera del aula. Entre las herramientas más destacadas para que los profesores graben los vídeos podemos destacar, presentaciones (PowerPoint) con sonido, Explain Everything, Videoscribe y Powtoon, y para asegurarnos de que los alumnos visualizan y trabajan los vídeos, EDpuzzle (Chica, 2016). Pero este modelo no implica que los profesores necesariamente tengan que grabar sus propios vídeos, pueden utilizar materiales que encuentren en la web siempre que sean de calidad suficiente y se adapten a sus objetivos didácticos (Díez, 2017).

Hay numerosas evidencias y publicaciones que demuestran que el modelo de enseñanza FC tiene un continuo crecimiento y expansión a lo largo de todo el mundo. Esta conversión del alumno de oyente pasivo a aprendiz activo del proceso de enseñanza-aprendizaje como constructor de su propio conocimiento, puede influir de manera determinante en su motivación, en su compromiso y responsabilidad con su aprendizaje, en un mejor conocimiento de los objetivos a alcanzar, en una mejor contextualización de los contenidos relacionándolos con los problemas de la vida real y en una autoevaluación continua de sus logros (Tourón et al., 2014). La eficiencia del modelo ha sido manifestada por algunos autores que proponen una mejora de la actitud del alumno hacia el aprendizaje y un aumento significativo del aprendizaje y rendimiento académico (Esperanza, 2016; Goodwin y Miller, 2013; Hamdan, McKnight, McKnight y Arfstrom, 2013; Johnson y Renner, 2012; Marcey y Brint, 2011).

El álgebra es la parte más abstracta y árida de las matemáticas. Es difícil hacer entender su importancia y trabajar en clase con verdaderas aplicaciones cotidianas, frecuentemente los contenidos se imparten de manera abstracta, y muchas veces descontextualizados (Swears, 2013). Es por ello, que es importante trabajar este bloque de contenidos con un modelo de aprendizaje centrado en el alumno, que permitan disponer de un mayor tiempo en el aula destinado al trabajo del álgebra mediante actividades contextualizadas dirigidas por el profesor y en las que el alumno pueda resolver la dudas que vayan surgiendo durante el tiempo de la clase con la ayuda del profesor.

Objetivos Generales

El objetivo general de este trabajo ha sido diseñar e implementar en el aula una propuesta didáctica para la enseñanza del bloque de contenidos de álgebra en 2º de ESO utilizando el modelo Flipped Classroom. Para ello, se ha estudiado el modelo Flipped Classroom, su implementación en el aula y las herramientas más adecuadas para llevarlo a cabo. Tras la implementación de la propuesta diseñada ha analizado la percepción de los alumnos acerca del uso del modelo, la visualización y trabajo de los vídeos, las actividades de clase y una reflexión acerca de su aprendizaje.

Método

Diseño de la propuesta con el modelo Flipped Classroom

El modelo Flippped Classroom se ha implementado en el bloque de contenidos de Álgebra de la asignatura de Matemáticas de 2º de ESO. La estructura de las sesiones realizadas ha sido la que se presenta a continuación:

Antes de la clase

Tiene lugar la presentación de contenidos mediante vídeos explicativos realizados con la herramienta Everything y enriquecidos con preguntas con la herramienta EDpuzzle que permite incorporar cuestiones de respuesta múltiple, cuestiones de respuesta libre y anotaciones escritas y orales del profesor para convertir el vídeo en un recurso didáctico e instrumento de estudio. Esta herramienta permite que el profesor conozca con anterioridad a la clase si el alumno tiene claros los conceptos teóricos necesarios para abordar la actividad correspondiente. Enlace vídeo: https://edpuzzle.com/media/57435601618e704341e2627c.

Durante la clase

La clase comienza con un pequeño debate en torno a las preguntas planteadas en el vídeo para resolver dudas y facilitar la comprensión de los conceptos trabajados en el mismo. Posteriormente los alumnos realizan las actividades que se muestran en la tabla 1. Cada actividad se desarrolla a lo largo de 2 sesiones. Durante la actividad el profesor se moverá por los grupos para ofrecer feed-back del trabajo realizado y orientar el aprendizaje del alumno.

TIPO DE ACTIVIDAD	ACTIVIDAD
Actividad de iniciación	Resolución de ejercicios de forma grupal
Actividad para trabajar problemas	Resolución de problemas de forma grupal
Actividad de consolidación	*De viaje por Europa con las ecuaciones*
Actividad de evaluación	Test mediante la herramienta *Kahoot!*

Tabla 1. Actividades diseñadas para el aprendizaje del Álgebra.

De viaje por Europa con las ecuaciones

Esta actividad cooperativa se ha realizado en grupos de 4 alumnos y se plantea como un juego de pistas matemático para trabajar la resolución de ecuaciones de primer grado. La actividad consiste en realizar un viaje por Europa, partiendo de Suiza y acabando en Barcelona. En cada país, los alumnos deben escanear el código QR correspondiente para conocer las dos ecuaciones de primer grado que van a darles las coordenadas (x,y) para avanzar hasta el próximo destino. En algunas ocasiones, aparte de resolver las ecuaciones, deben resolver un problema relacionado con el país en el que se encuentran. El procedimiento es el mismo en cada nuevo destino: escanear el código QR, resolver las ecuaciones y buscar en el mapa el próximo destino, como el siguiente ejemplo: el grupo se encuentra en Suiza y escanea el código de la figura 2, que les muestra las ecuaciones de la figura 3.

$$2x + 4 = 16$$
$$y - 5 = -6$$

Figura 2. Código QR de Suiza.   Figura 2. Ecuaciones a resolver.

Una vez resueltas, el grupo debe rellenar su hoja de ruta, con la resolución de las ecuaciones, el problema (si es necesario) y las coordenadas de su destino, que deben encontrar mediante el mapa de Europa con coordenadas. Este mapa tiene marcados unos determinados países mediante imágenes representativas. Los alumnos pueden detectar sus errores al llegar a un destino no definido en el mapa.

Después de la clase

Evaluación de las actividades

La evaluación inicial se realiza mediante las preguntas que incorpora el vídeo. La evaluación de las actividades se realiza mediante el Dosier del alumno: resolución de las ecuaciones y los problemas correctamente. En el mismo Dosier, cada alumno realiza una autoevaluación para reflexionar acerca de las dificultades encontradas y el aprendizaje obtenido. Por otra parte, se evalúa el trabajo cooperativo desarrollado mediante dos rúbricas, autoevaluación del trabajo cooperativo (evaluación del trabajo individual realizado dentro del grupo) y coevaluación (evaluación del trabajo del grupo). La evaluación final se realiza mediante un test con la herramienta Kahoot.

Procedimiento

Este trabajo presenta los resultados de un estudio descriptivo en el que se explora el grado de satisfacción del alumnado de secundaria con el modelo el modelo de enseñanza-aprendizaje FC. La muestra se compone de 80 alumnos que cursan la asignatura de matemáticas de 2º de ESO en un centro concertado de Olot. El instrumento utilizado es un cuestionario con varias escalas tipo Likert y preguntas dicotómicas y de respuesta abierta, en las que se ha preguntado a los alumnos su opinión acerca del modelo, la visualización y trabajo de los vídeos, las actividades de clase y una reflexión acerca de su aprendizaje (disponible en http://goo.gl/forms/1hCPMHzEvw).

Resultados

Analizando las respuestas de las preguntas del cuestionario realizado a los alumnos (figura 4), la mayoría (70%) considera que no les ha costado nada adaptarse al nuevo planteamiento de clase, mediante el modelo FC. Ningún alumno considera que le haya costado mucho la adaptación. El 30% de los alumnos restantes divide sus opiniones disminuyendo en la escala del 1 (No, nada) al 4 (Sí, mucho).

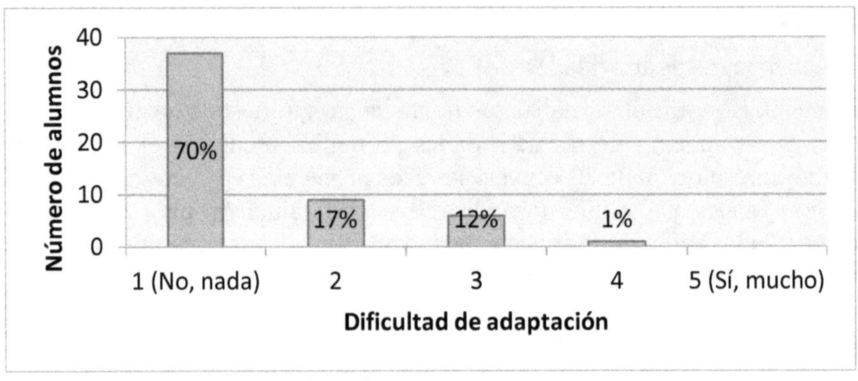

Figura 4. ¿Te ha costado adaptarte al nuevo planteamiento?

Respecto a la visualización de los vídeos propuestos por el profesor, tal y como se representa en la figura 5, la mayoría de los alumnos (74%) los visualiza siempre. El 12% de los alumnos los visualiza casi siempre, otro 12% a veces y solo el 2% no los visualiza nunca.

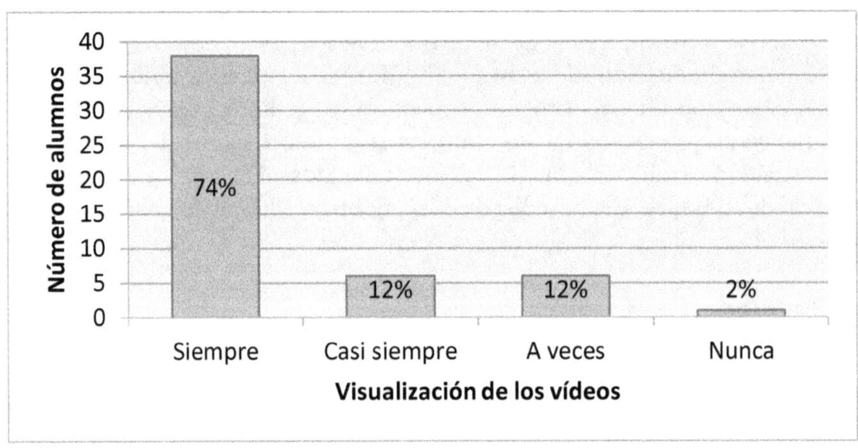

Figura 5. ¿Visualizas los vídeos propuestos por el profesor?

Paralelamente, respecto al hecho de trabajar los vídeos propuestos por el profesor, hay cierta disminución en el cumplimiento de la tarea, por parte de los alumnos, el 67% de los alumnos trabaja siempre el vídeo propuesto; el 19% de los alumnos lo trabaja casi siempre y el 14% lo trabaja solo a veces. Ningún alumno ha respondido que no trabaja el vídeo nunca (figura 6).

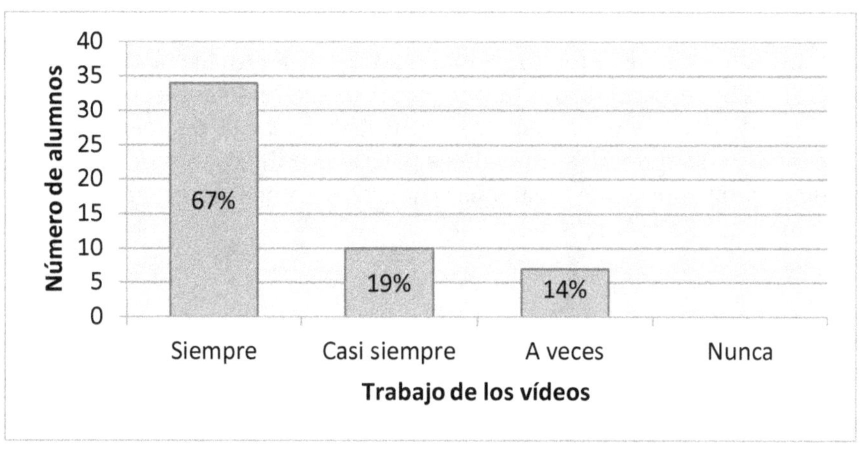

Figura 6. ¿Trabajas los vídeos propuestos por el profesor?

Respecto a la visualización y trabajo de los vídeos, por lo general los alumnos asumen la responsabilidad de su aprendizaje y realizan ambas tareas. No obstante, un reducido porcentaje de alumnos responden que únicamente a veces, o nunca, visualizan (14%) y trabajan (14%) los vídeos. Por este motivo se considera interesante plantear de forma detallada y concreta la tarea que se propone a los alumnos para trabajar el vídeo, para que el alumno tenga claro los objetivos de la tarea y lo que se espera de él. Es importante, también, que el profesor transmita a los alumnos la necesidad de visualizar y trabajar los vídeos en casa para llegar bien preparado a clase y poder realizar las actividades propuestas sin problema, explicando que, en caso contrario, el alumno se perjudica a sí mismo y al resto del grupo de trabajo de la actividad cooperativa.

Uno de los objetivos principales del modelo Flipped Classroom es que el alumno llegue preparado a clase para poder realizar actividades de trabajo cooperativo con mayor rendimiento que si no hubiese recibido una explicación previa de los conceptos a trabajar. En este sentido, el 94% considera que sí llega preparado a clase tras haber visualizado y trabajado los vídeos. Por otro lado, el mismo número de alumnos (94 %) consideran que tener más tiempo para realizar actividades en clase mejora su aprendizaje debido a una mayor dedicación durante la clase a la realización de actividades. No obstante, se ha detectado un porcentaje de alumnos, aunque reducido (6%), que considera que no llega suficientemente preparado a clase. Teniendo en cuenta los distintos ritmos de aprendizaje que hay entre alumnos de un mismo curso, es importante que el profesor analice qué alumnos presentan más dificultades y qué errores son los más comunes en el trabajo de los vídeos para poder, así, resolver dudas y cuestiones al inicio de la sesión.

Al comparar el modelo FC con las clases tradicionales, el 64% de los alumnos considera que su aprendizaje mejora con esta nueva forma de aprendizaje, el 4% ha respondido que no y el 32% ha respondido indiferente (figura 7). Considerando que los alumnos encuestados acaban de adentrarse en este modelo de aprendizaje, podemos pensar que todavía no se ha podido trabajar suficiente con el mismo para que los alumnos sean conscientes de si su aprendizaje mejora o no.

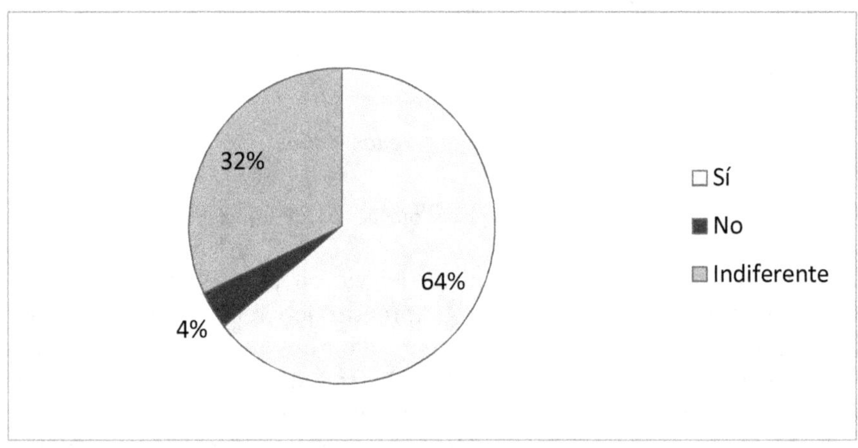

Figura 7. ¿Comparando el modelo The Flipped Classroom con las clases tradicionales, crees que mejora tu aprendizaje?

En cuanto a la valoración del modelo FC, un 64% de los alumnos considera que es muy positivo trabajar con el modelo The Flipped Classroom. De hecho, el total de alumnos encuestados dan una valoración de 3 a 5 puntos al modelo (figura 8).

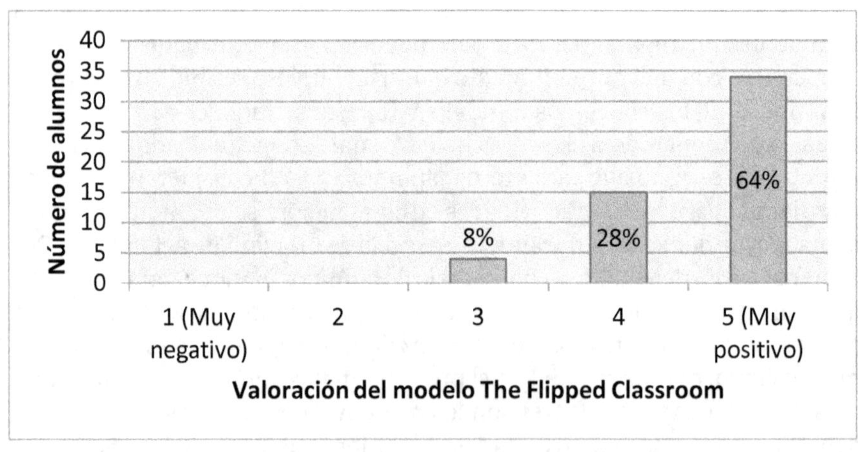

Figura 8. ¿Cómo valoras trabajar con el modelo The Flipped Classroom?

En la tabla 2 se recogen las respuestas más relevantes con respecto a la cuestión en la que se ha preguntado a los alumnos qué aspecto mejorarían de los vídeos. Se han analizado las respuestas de los alumnos y se han agrupado en tres categorías, una referente a la duración de los vídeos, otra sobre el estilo o interactividad y otra donde se recogen cuestiones generales, descartándose respuestas repetitivas. Como puede observarse parece que los vídeos están bien diseñados y los alumnos valoran muy positivamente que los vídeos estén enriquecidos con preguntas. Los alumnos manifiestan que les gustaría que fuesen más interactivos y tuviesen más preguntas que preparan para el examen. No existe mucho acuerdo sobre si la duración de los vídeos es adecuada, pero en general parece que los vídeos han sido un buen recurso didáctico.

Categoría	Comentarios
General	"Los vídeos están perfectos. Me encanta la aplicación (EDpuzzle)." "Yo creo que los vídeos explican correctamente las cosas tal y como son, creo que de momento no los mejoraría." "Hacer preguntas de lo que saldrá en el examen para ver si lo sabemos o no.""¡Están muy bien!" "Con trozos más pequeños entre preguntas para responder más fácilmente y con más agilidad."
Duración	"Que durasen menos." "Más largos, pero están correctos."
Estilo	"Que fuesen más interactivos." "Que hubiese más preguntas tipo test."

Tabla 2. ¿Qué aspecto mejorarías de las actividades realizadas en clase?

Con respecto a las actividades realizadas en clase las ideas más relevantes de las propuestas de mejora se recogen en la tabla 3. Para analizar las respuestas se han establecido tres categorías, una referida al estilo, otra a la temporización y otra a cuestiones generales. En cada categoría se han fusionado algunas respuestas similares que no aportaban nueva información. Los alumnos valoran muy positivamente realizar actividades en clase e incluso proponen que se realicen en otras asignaturas. Manifiestan querer hacer más actividades con la herramienta Kahoot.

Categoría	Comentarios
General	"Nada, ya está bien así." "Lo que mejoraría es poder hacerlo en otras asignaturas, ya que es una manera mucho más divertida para aprender." "Hacer más Kahoot!." "Me gustaría poder trabajar más las actividades de Kahoot!, y *The Flipped Classroom*." "Nada, ya están bien." "Yo haría menos teoría y más actividades porque van muy bien para el aprendizaje, aprendes más que haciendo teoría todo el rato y estas actividades hacerlas en clase porque así puedes resolver dudas."

Categoría	Comentarios
Temporización	"Hacerlas más a menudo." "Hacer Kahoot! un día a la semana."
Estilo	"Que los exámenes fuesen de Kahoot! ." "Que sean divertidas." "Haría cosas más dinámicas, porqué así aprendemos más y es más divertido." "Más activas."

Tabla 3. ¿Qué aspecto mejorarías de las actividades realizadas en clase?

Finalmente, se ha preguntado a los alumnos que resumiesen el modelo Flipped Classroom en una frase. En la tabla 4 se presentan las respuestas de los alumnos descartando aquellas que pudieran ser repetitivas. Como podemos comprobar la mayoría de las respuestas coinciden en que este modelo motiva y mejora el proceso de aprendizaje, de una forma sencilla, rápida y más divertida.

El concepto *The Flipped Classroom* según los alumnos
"Una nueva forma de aprender 'virtualmente'."
"Un aprendizaje mejor y más productivo."
"Muy divertido e interesante. Siempre aprendes mejor cuando te diviertes."
"Es una nueva herramienta para aprender, que es muy divertida."
"Un buen aprendizaje y divertido."
"Es divertido trabajar así y quiero seguir haciéndolo."
"Aprendizajes divertidos y sencillos."
"Vídeos que te ayudan a aprender."
"Es una manera de estudiar cosas sobre un tema y que sea divertido."
"Una herramienta de aprendizaje nueva y mejor."
"Un método de aprendizaje nuevo y muy útil a la hora de aprender."
"Es una herramienta de aprendizaje nueva que mejora el aprendizaje ya que no se hace aburrido."
"Es una herramienta de aprendizaje que nos ayuda a aprender divirtiéndonos."
"Es una herramienta de aprendizaje diferente y que motiva a los alumnos a trabajar y hacerlo lo mejor posible."
"Es una herramienta de aprendizaje muy eficiente y muy útil, ha aportado nuevas cosas para aprender y menos deberes. Me ha ayudado mucho."
"Es un sistema de estudio avanzado y puede ser útil."
"Es una herramienta de aprendizaje nueva y rápida que sirve para aprender otros métodos, lo considero mejor que utilizar el libro de texto."
"Genial, aprendes y es divertido."
"Mejora el aprendizaje."
"Es una manera de aprender más rápido y divertido y considero que es mejor."

Tabla 4. ¿Cómo resumirías el modelo The Flipped Classroom en una frase?

Discusión y conclusiones

El modelo de aprendizaje presentado en este trabajo propone invertir los papeles entre lo que se realiza en casa y lo que se realiza en el aula en el modelo tradicional de enseñanza-aprendizaje. Así, al realizar las explicaciones fuera del aula, mediante vídeos visualizados y trabajados por el alumno en casa de forma previa a la sesión, la totalidad del tiempo en el aula puede destinarse a la realización de actividades cooperativas, en las que los alumnos se ayudan y resuelven dudas mutuamente y con el profesor. Este aumento del tiempo para estar con y para los alumnos permite una mayor atención a la diversidad. De este modo, el profesor puede personalizar más la atención que les da, ayudando a aquellos alumnos que más lo necesitan y, a la vez, permitiendo a los que tienen un mejor ritmo de aprendizaje, consolidar su aprendizaje ayudando a los demás miembros del grupo. En este sentido, consideramos, al igual que otros autores, como Perdomo (2016) que los alumnos han experimentado que fomentado el trabajo cooperativo en el aula, y el debate entre los alumnos para realizar tareas de aplicación de los conceptos trabajados previamente de manera autónoma, se adquiere un aprendizaje significativo

De las opiniones de los alumnos encuestados se extrae que la implementación del modelo FC, favorece su motivación y su concepción de las matemáticas, rompiendo con el tópico de que las matemáticas son difíciles y aburridas. Además, esta forma de enseñar incide en un cambio de actitud de los estudiantes hacia las matemáticas, tal y como también señalan los estudios realizados por Esperanza (2016). En general desembocan en un aumento de confianza del alumno hacia el desempeño de la materia pues como nos indican Straw et al (2015) los estudiantes incrementan su confianza.

Aunque la implementación del modelo requiere de trabajo y tiempo, así como de ciertos conocimientos informáticos, los resultados que éste da, respecto al aprendizaje de los alumnos, son motivo suficiente para apostar por este modelo. No obstante, las limitaciones que el modelo tiene no afectan únicamente al profesor, sino también a los alumnos, en cuanto a los conocimientos y dominio de herramientas y dispositivos y a la posibilidad de disponer de éstos y como Johnson y Renner (2012) indican, es necesaria una preparación previa del alumnado para adaptase al modelo y a esta nueva forma de enseñanza-aprendizaje. La implementación del modelo, como ya ha sido señalado por otros autores (Calvillo, 2014) más allá de las dificultades y trabajo que esto requiere, permite un mayor aprovechamiento de las clases y una mayor personalización de la enseñanza.

Uno de los principales objetivos del modelo es conseguir motivar a los alumnos. Analizando su opinión queda claro que el modelo está valorado muy positivamente y que la mayoría comparten la opinión de que es divertido y que aprenden más. Respecto a la visualización y trabajo de los vídeos, por lo general los alumnos asumen la responsabilidad de su aprendizaje y realizan ambas tareas. Es importante, también, que el profesor transmita a los alumnos la necesidad de visualizar y trabajar los vídeos en casa para llegar bien preparado a clase y poder realizar las actividades propuestas sin problema. Los resultados obtenidos coinciden con los aportados por Yoshida (2016) en los que los estudiantes valoran el aprendizaje invertido como útil, dado que mejora la comprensión de los contenidos y mejora la eficacia de las sesiones en el aula y genera en los alumnos un mayor interés por su aprendizaje y una mayor motivación.

La valoración general del modelo muestra una clara aceptación de los alumnos hacia el mismo, de hecho, al pedirles por aspectos a mejorar en los vídeos y actividades, algunos proponen realizarlo más a menudo y en más asignaturas.

Los resultados presentados en este trabajo permiten afirmar que la implementación del modelo Flipped Classroom en la asignatura de matemáticas de 2º de ESO en la parte de álgebra ha generado un aumento de la motivación del alumno y una participación más activa, a la vez que ha permitido que asuman la responsabilidad de su aprendizaje.

Finalmente, teniendo en cuenta todo lo anterior, y dado los beneficios que se obtienen, proponemos la implementación del modelo Flipped Classroom en otros bloques de contenido de esta materia.

Referencias bibliográficas

Aula Planeta. (2014). 40 herramientas para aplicar la metodología Flipped Classroom en el aula [infografía]. Recuperado de http://www.aulaplaneta.com/2015/05/12/recursos-tic/40-herramientas-para-aplicar-la-metodologia-flipped-classroom-en-el-aula-infografia/.

Bergmann, J., Sams, A. (2014). *Dale la vuelta a tu clase*. Barcelona: Ediciones SM.

Calvillo, A. J. (2014). *El modelo Flipped Learning aplicado a la materia de música en el cuarto curso de Educación Secundaria Obligatoria: una investigación-acción para la mejora de la práctica docente y del rendimiento académico del alumnado* (Tesis Doctoral). Universidad de Valladolid, España. Recuperado de: https://www.educacion.gob.es/teseo/mostrarRef.do?ref=1118301

Chica Pardo, D. (2016). *Flipped Classroom: herramientas más destacadas para comenzar a invertir (en) tu aula* [Mensaje en un blog]. Recuperado de http://www.educacontic.es/ca/blog/flipped-classroom-herramientas-mas-destacadas-para-comenzar-invertir-en-tu-aula-dchicapardo

Díez, A. (2017). Recursos para la clase inversa: consideraciones tecnológicas. *Newsletter The Flipped Classroom*, 5, 4-5. Recuperado de: http://clicks.aweber.com/y/ct/?l=ANElD&m=gzko_lwWmQABUqU&b=dMv2XU UNcHG2Yy27zvooSg

Esperanza, P. (2016). *The power of the flipped classroom: Achieving high academic student performance through multimedia learning* [Libro electrónico]. [Autor]. Recuperado de Apple iBooks Store (iTunes): https://itunes.apple.com/us/book/power-flipped-classroom/id1048431489?mt=11

Goodwin, B. y Miller, K. (2013). Research says evidence on Flipped Classrooms is still coming in. *Technology Rich Learning*, 70(6), 78-80. Recuperado de http://www.ascd.org/publications/educational-leadership/mar13/vol70/num06/Evidence-on-Flipped-Classrooms-Is-Still-Coming-In.aspx

Hamdan, N., McKnight, P., McKnight, K. y Arfstrom, K. (2013). *The flipped learning model: A white paper based on the literature review titled a review of flipped learning.* Flipped Learning Network [FLN], Pearson's Center for Educator Effectiveness y George Mason University. Recuperado de http://flippedlearning.org/wp-content/uploads/2016/07/WhitePaper_FlippedLearning.pdf

Johnson, L.W., & Renner, J. D. (2012). *Effect of the flipped classroom model on a secondary computer applications course: Student and teacher perceptions, questions, and student achievement.* Doctoral dissertation. University of Louisville, Kentucky. Recuperado de http://theflippedclassroom.files.wordpress.com/2012/04/johnson-renner-2012.pdf

Marcey, D., & Brint, M. (2011). *Transforming an undergraduate introductory biology course through cinematic lectures and inverted classes: a preliminary assessment of the clic model of the flipped classroom.* California Lutheran University, Thousand Oaks, California. Recuperado de: http://www.nabt.org/websites/institution/File/docs/Four Year Section/2012 Proceedings/Marcey & Brint.pdf

Perdomo, W. (2016). Estudio de evidencias de aprendizaje significativo en un aula bajo el modelo flipped classroom. *Edutec. Revista Electrónica de Investigación Educativa*, 55, 1-17. http://www.edutec.es/revista/index.php/edutece/article/view/618/Edutec_n55_Perdomo

Prensky, M. (2015). Prólogo. En J. Bergmann y A. Sams (Autores). *Dale la vuelta a tu clase. Lleva tu clase a cada estudiante, en cualquier momento y cualquier lugar.* 2ª ed. (pp. 5-12). España: Ediciones SM.

Prince, M. (2004). Does Active Learning Work? A Review of the Research. *Journal of Engeneering Education,*93, 223-232.

Pujolàs, P. (2008). Introducció a l'aprenentatge cooperatiu. Vic: Facultat d'Educació. Laboratori de Psicopedagogia. Universitat de Vic. Recuperado de 2016 de http://www.iesjosepsuredaiblanes.com/wp-content/uploads/2014/12/Introduccio_aprenentatge_cooperatiu.pdf

Straw, S., Quinlan, O., Harland, J. y Walker, M. (2015). *Flipped learning.* Research report. London: National Foundation for Educational Research. Recuperado de https://www.nfer.ac.uk/publications/NESM01/NESM01.pdf

Seawars, J. (2013). *Talleres: Situación didáctica para la enseñanza del álgebra, a través de juegos desde sexto año básico a segundo año medio.* Chile. Recuperado en enero de 2016 de: http://www.cibem7.semur.edu.uy/7/actas/pdfs/1166.pdf

Tourón, J., Santiago, R. y Díez, A. (2014). The Flipped Classroom. Cómo convertir la escuela en un espacio de aprendizaje. Grupo Océano.

Tourón, J., Santiago, R. (2015). El modelo Flipped Learning y el desarrollo del talento en la escuela. *Revista de Educación.* 368, 196-231. Recuperado el 02 de mayo de 2016 de http://www.mecd.gob.es/dctm/revista-deeducacion/articulos368/el-modelo-flipped-learning-y-el-desarrollo-deltalento-en-la-escuela.pdf?documentId=0901e72b81e9f56f

Yoshida, H. (2016). Perceived Usefulness of "Flipped Learning" on instructional design for elementary and secondary education: with focus on pre-service teacher education. *International Journal of Information and Education Technology,* 6(6), 430-434. doi:10.7763/IJIET.2016.V6.727.